I0136743

LE
TRÉSOR INCONNU

DÉCOUVERT

DANS LE PANÉGYRIQUE D'UNE IMAGE MIRACULEUSE

DE LA

MÈRE DE DIEU,

Conservée à Bargemon en Provence,

AVEC QUATORZE PRÉCEPTES ET QUELQUES FORMES D'ORAISONS
POUR OBTENIR ET RECONNAITRE LES FAVEURS

DE LA SAINTE VIERGE.

Par le R. P. Raphaël,

Augustin Déchaussé.

Nouvelle édition, augmentée d'une Notice
sur Notre-Dame de Montaigu.

~~~~~

FRÉJUS,
IMPRIMERIE ESPRIT PERREYMOND.

1857.

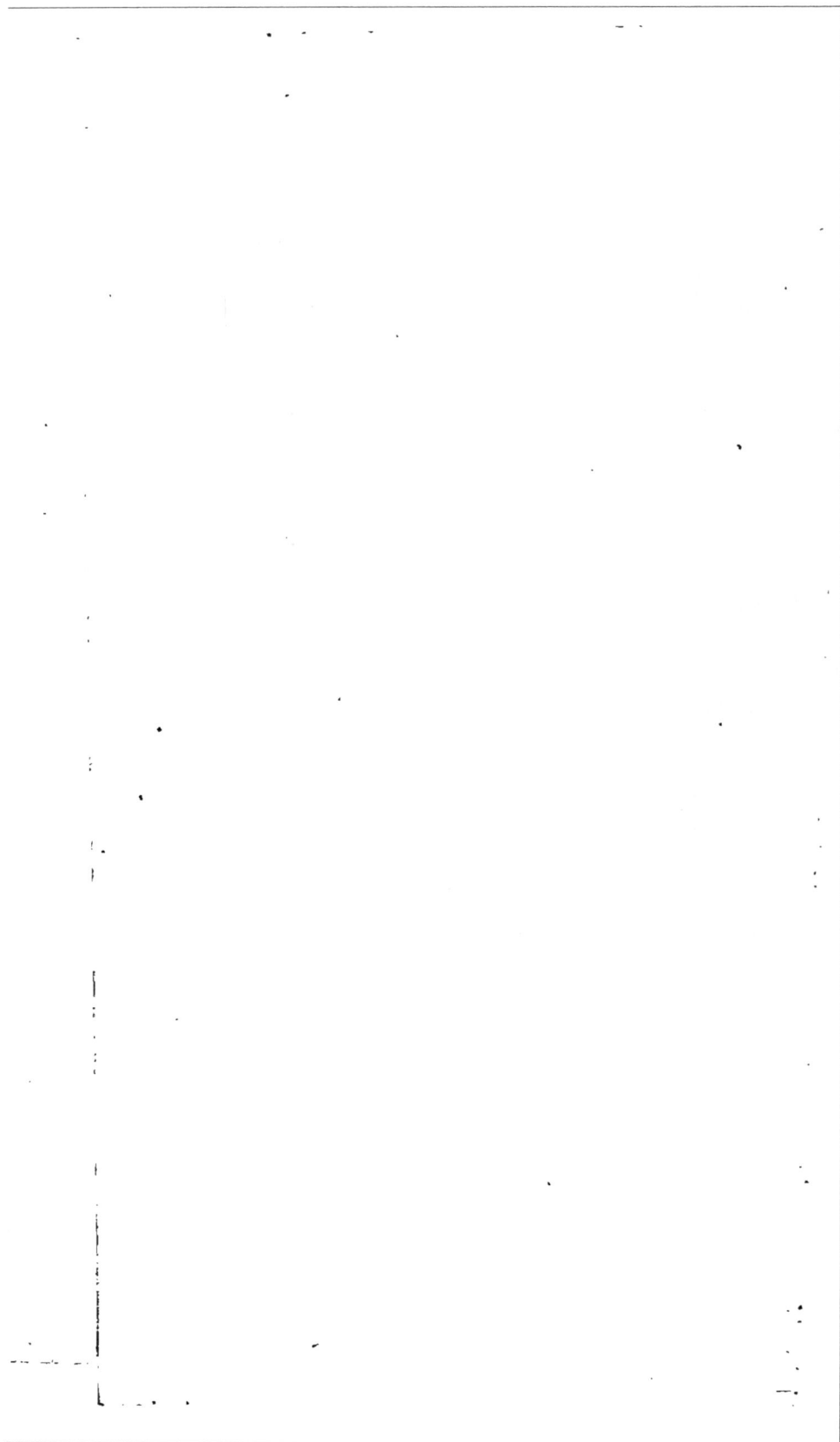

Nous Joseph-Antoine-Henri JORDANY, par la Grâce de Dieu et du Saint-Siége Apostolique, Évêque de Fréjus et Toulon,

Après avoir lu l'opuscule intitulé : *Le Trésor inconnu,* publié par le P. Raphaël, augustin déchaussé, avec l'approbation d'un de nos vénérables prédécesseurs, qui avait soumis à un mûr examen les faits miraculeux qui y sont rapportés, voulant favoriser, autant qu'il est en Nous, la dévotion des fidèles envers la sainte Vierge, sachant combien grande est sa puissance sur le cœur de son divin fils et combien miséricordieuse et tendre est sa bonté envers ceux qui l'invoquent, particulièrement heureux de voir qu'elle a bien voulu signaler ces deux qualités de son cœur maternel, dans un sanctuaire de notre Diocèse auquel nous attachent les liens d'une piété comme filiale, Nous avons approuvé et Nous approuvons la réimpression de cet opuscule, espérant qu'il ravivera dans le cœur des enfants les sentiments de piété et de confiance qui remplissaient le cœur des pères quand, dans les siècles passés, s attiraient sur eux les faveurs les plus précieuses et les plus éclatantes de Notre-Dame de Montaigu, dans son sanctuaire de Bargemon.

Donné à Fréjus, sous notre seing, le sceau de nos mes et le contre-seing de notre Vicaire-Général, le dix ars mil huit cent cinquante-sept.

† JOSEPH-HENRI, *Év. de Fréjus et Toulon.*

Par Mandement de Monseigneur :

Gamel, Chanoine, Vicaire-Général.

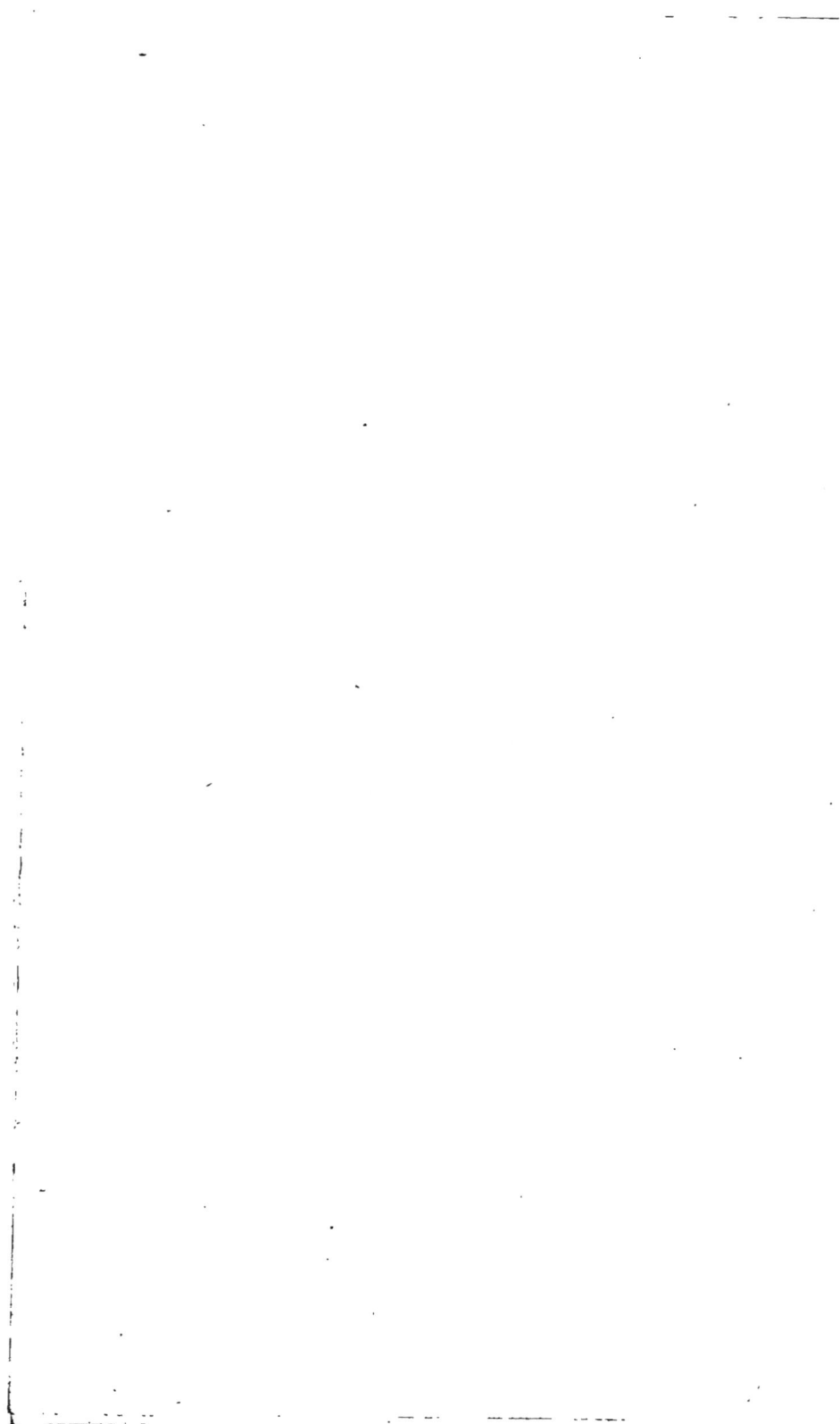

NOTICE

NOTRE - DAME DE MONTAIGU.

————⟨❊⟩————

La pensée de contribuer en quelque chose à la gloire de Marie, le désir ardent de seconder l'élan qui partout se manifeste pour cette bonne Mère dans le monde catholique, nous a engagé à ajouter ces quelques pages pour servir d'introduction à un livre qui nous commande le respect à tous égards : d'abord par son antiquité, puisqu'il ne compte pas moins de deux cent quinze ans d'existence ; ensuite par les témoignages nombreux qu'il renferme d'une prédilection toute spéciale de Marie sur le peuple de Bargemon.

C'est la raison qui nous détermine, en réimprimant cet ouvrage, de le reproduire tel qu'il sortit de la main de son auteur.

Ainsi seront conservés ce parfum d'antiquité, cette naïveté de mœurs, cette aimable originalité de pensées et de style qui tient à l'époque,

1.

et qui ne laisseront pas d'avoir un attrait réel
pour le lecteur.

Cet opuscule fut imprimé pour faire connaître
les faits étonnants que produisît l'image miraculeuse d'une Vierge apportée du pays de Brabant
par un religieux du tiers-ordre de saint François,
l'an scize cent trente-cinq.

Le *Trésor inconnu* contient le récit des faveurs
toutes spéciales dont la sainte Vierge favorisait
ceux qui allaient la supplier dans son nouveau
sanctuaire. Quelques années à peine s'étaient écou-
lées, à dater du jour où elle y avait fixé sa demeure; et déjà, en seize cent quarante, on était
à même d'en former le recueil, que nous sommes heureux de pouvoir offrir aujourd'hui à la
piété des fidèles. C'est à partir de cette époque
que prit naissance, non pas seulement dans la
petite ville de Bargemon, mais dans la majeure
partie de la Provence, cette confiance si grande
à la Bonne-Dame de Montaigu. Comme tout ce
qui est saint et vénérable, cette dévotion dut
subir la funeste influence des excès de la révolution ; aussi se trouva-t-elle, à cette époque,
notablement affaiblie dans les cœurs. Mais aujourd'hui, qu'une force invisible pousse invin-
ciblement les peuples aux pieds de Marie, pour
obtenir d'elle un salut, qu'ils ne croient plus
pouvoir attendre d'ailleurs, pourquoi, et à plus

juste titre que bien d'autres, ne viendrions-nous
pas lui offrir notre tribut d'amour et de reconn-
naissance pour nous assurer son suffrage, dans
ce conseil formidable, où sera fixé le sort de notre société actuelle.

C'est cette pensée qui nous a fait reculer dans
le siècle de nos pères, pour y chercher, dans
l'exemple de leur piété et de leur foi, le salut du
nôtre. Nous servir de ce culte fervent et solennel
que le monde rend de nos jours à Marie, pour
faire renaître ce temps heureux, où la foi, l'amour
et la confiance amenaient des populations entières
dans ces vénérés sanctuaires, voilà notre but; et
la providence semble tout ménager, d'une manière
admirable, pour nous y conduire.

Ce fut l'an seize cent trente-cinq, que le révérend père Sébastien Gache, natif de Bargemon,
religieux du tiers-ordre de saint François, donnait
une preuve de l'amour qu'il avait conservé pour
son pays, en le dotant d'une relique miraculeuse,
qu'il tenait lui-même de la libéralité d'un officier
de la sérénissime infante Isabeau-Claire-Eugénie
d'Autriche, princesse et archiduchesse de Flandre.

Cette statue, qu'on put facilement soustraire
au vendalisme révolutionnaire, n'a guère qu'un
décimètre de hauteur. Aujourd'hui nous en devons
la reproduction fidèle à un tout jeune artiste; en-

fant de Bargemon, dont le talent et le goût, même dans ses premiers essais, ne furent pour personne l'objet d'un doute.

La Vierge de Montaigu est une Vierge mère ; et si, en fait d'art, on ne peut la donner comme un modèle, il est certain qu'elle est bien pour le temps où on la fit, et ce qui en rehausse le mérite, c'est la difficulté de faire subir une forme si gracieuse au bois, dont il a fallu nécessairement se servir. Elle est faite des débris précieux d'un chêne, qui servit, jusqu'en seize cent deux, de sanctuaire lui-même à une Vierge en grand renom dans le Brabant. Monseigneur Houen, archevêque de Malines, se trouva dans la nécessité, en cette année, de construire une église sur la colline de Montaigu, afin de remplacer cet arbre séculaire, qu'avait mutilé et fait presque disparaître la foi des pèlerins.

Il y a là des détails bien intéressants ; je voudrais vous renvoyer à Juste Lipse, un savant du premier ordre, dans son temps ; il nous raconte jusqu'à cent trente-sept miracles. Remarquez qu'il est natif de Louvain, pays qui n'est éloigné que de cinq lieues de Montaigu. En nous donnant une relation très-intéressante dans son livre *De Diva Virgine Sichiemiensi*, il a soin d'y ajouter des preuves pour en garantir l'authenticité.

Les faits prodigieux qui s'étaient opérés à Montaigu, on les vit se reproduire bientôt dans la petite ville de Bargemon, quand les populations instruites de la bonne nouvelle, vinrent aux pieds de l'image miraculeuse implorer l'assistance de celle qui ne sut jamais repousser une prière.

Ce fut sous la forme d'une aimable pélerine, que la Vierge de Montaigu apparut l'an seize cent trente-cinq, dans la nuit du dix-sept mars, à madame Elisabeth Amic de Brignoles, épouse de Jean Caille de Bargemon. Elle signala sa première visite par un de ses plus fameux miracles; aussi est-ce avec une joie mêlée d'un profond sentiment de piété filiale, que la population montre la maison où il s'opéra. Madame Caille, en donnant les détails de sa vision, se contenta d'apporter sa guérison miraculeuse en témoignage de la vérité.

Cette dame était, depuis deux ans, sous une fièvre lente. Ses attaques de nerfs, non moins violentes que celles de l'épilepsie, se renouvelant jusqu'à cinq fois le jour, l'avaient jetée dans un état d'épuisement et de consomption, dont on désespérait de la voir jamais sortir. La science avait déclaré son impuissance. Elle n'attendait plus que la mort, à laquelle elle se préparait par une vie toute sainte, lorsque, durant son sommeil, elle entendit frapper légèrement à la porte de sa maison. Elle se hâte d'ouvrir; c'était une personne auguste. Un premier vêtement pauvre et usé laissait entrevoir une riche parure; sa tête, recouverte d'un petit chapeau, était surmontée d'une couronne, tout ornée de pierres précieuses; ses cheveux, d'une couleur plus brillante que celle de l'or; ses yeux, qui répandent une douce lumière, rehaussent la beauté de la plus angélique figure. Dans le ravissement dont elle ne peut se défendre, la pauvre malade demande à la mystérieuse pélerine le lieu d'où elle sort. D'un royaume étranger, dit-elle...... Daignez, grande reine, ajouta la malade, monter dans nos appartements. Je ne le pourrai qu'après avoir rendu à Dieu mes hommages. Aussitôt la malade accompagne l'étrangère à l'église. De retour au logis, la Vierge disparut. Elle n'avait demandé qu'une robe, pour remplacer celle qu'elle avait en si mauvais état. Madame Caille s'expliqua tout le mystère, lorsque, dès le matin à six heures, elle vit arriver six pénitents blancs de Bargemon, portant la Vierge de Montaigu dans une boîte recouverte de taffetas vert, pour prier son mari, qui était allié au maître de la verrerie voisine, de lui procurer une châsse en verre. Cette pieuse dame livra tous ses bijoux pour donner à la dame de Montaigu une demeure convenable. Cette châsse, portant les armoiries de la famille Caille, n'existe plus. Celle qui la remplace, est le produit de la générosité des fidèles.

Cette vision, suivie d'une guérison si extra-ordinaire, mit tout le peuple en émoi. Sept jours après, le vingt-quatre mars, la Vierge miraculeuse était promenée en triomphe dans la ville de Bargemon, et prenait place dans le sanctuaire, auquel elle donnait irrévocablement son nom. La chapelle de l'Annonciade, aujourd'hui Notre-Dame de Montaigu, n'a rien dans sa structure qui puisse en faire remonter la construction à un temps beaucoup plus reculé que celui où arriva l'événement qui lui fit changer de nom. Ses arceaux laissent apercevoir tout au plus les dernières lueurs de ce sublime style gothique, qui, sans doute, avait déjà expiré. Ce qui offre un intérêt plus particulier, ce sont les deux autels qui s'élèvent au fond des deux nefs de ce glorieux sanctuaire. L'exécution et le plan feront toujours honneur, et à ceux qui en conçurent l'idée, et à ceux qui l'exécutèrent. Ces colonnes torses, ces médaillons, ces couronnements en demi-cercles surmontés de statues, tout est du règne de Louis XIII. Le plan de l'autel principal est grandiose ; mais l'autel de la nef latérale oppose victorieusement à cet avantage le fini du travail, et cette profusion étonnante d'ornements que sait mettre en relief une habile sculpture.

Trois années s'écoulaient à peine, depuis que la Vierge avait été mise en possession de cette chapelle, lorsqu'il fallût songer sérieusement, pour satisfaire la piété toujours croissante des fidèles, à mettre en bonnes mains la direction de ce sanctuaire.

La lettre qu'adressa, en cette circonstance, le Comte Alais, gouverneur de Provence, au Seigneur de Bargemon, François de Villeneuve, fit opter pour les Augustins déchaussés, à l'exclusion du tiers-ordre de saint François. La famille des De Villeneuve qui, depuis des siècles, résume à elle seule l'histoire de ce pays, donna, comme toujours, de concert avec ce peuple fidèle, des preuves du désintéressement le plus complet et de la piété la plus sincère. La confrérie des pénitents blancs ne faillit point à cet esprit de foi et de générosité, qui lui avait donné naissance en ces temps de désastres qu'avaient produits les guerres de religion. Ils cédèrent la statue miraculeuse, leur chapelle même.

Il n'y eut pas jusqu'au roi de France, Louis XIII, qui ne voulût y contribuer, en établissant de son autorité royale les Augustins déchaussés, pour le service déjà important de ce lieu de pélérinage.

Voici la copie de ses lettres-patentes, en date du huit janvier mil six cent quarante-un.

LOUIS, par la Grâce de Dieu, Roi de France et de Navarre, Comte de Provence, Forcalquier et terres adjacentes, à tous présents et à venir, Salut. Sur ce qui nous a été représenté par nos chers et bien-aimés les Augustins déchaussés, de notre pays de Provence, dans le lieu de Bargemon, en ladite Provence : il y a une chapelle de congrégation de frères pénitents blancs, où repose la vénérable image de Notre-Dame de Montaigu, laquelle attire à soi, par ses miracles journaliers, une si grande dévotion, qu'elle est répandue non seulement dans toute la Province, mais dans celles qui en sont voisines. Pour l'augmentation de laquelle et du service divin de ladite chapelle, nos chers et bien-aimés les consuls, habitants dudit lieu de Bargemon, ont recherché des moyens d'introduire et établir des prêtres réguliers et séculiers avec une fondation ferme, et portant délibération du onze septembre mil six cent trente-huit, ont résolu de porter lesdits suppliants au lieu des Minimes, qu'ils avaient résolu par leur délibération du douze juillet, audit temps, d'introduire les Augustins déchaussés pour y vivre et y faire le service divin, et aux conditions lesquels cesdits Pères Minimes, ils devaient être admis.

Ainsi qu'ils exposent par ladite délibération, qui a été approuvée et ratifiée par notre amé et féal le sieur Évêque de Fréjus, par acte du vingt-sixième jour d'octobre de ladite année dernière seize cent trente-neuf, à la charge pour lesdits suppliants d'obtenir par lettres de confirmation sur ce nécessaires, lesquelles ils nous ont très-humblement supplié de vouloir concéder et accorder ;

Savoir faisons que Nous, pour ces causes et autres bonnes considérations, ayant lesdites délibérations du douzième juillet et onzième septembre de l'année mil six cent trente-sept, ledit acte d'approbation de l'Évêque

2

de Fréjus, ensemble l'arrêt du parlement, sous le contre-seing de notre chancellerie, Nous avons, de notre grâce spéciale, pleine puissance et autorité royale, agréé, approuvé et confirmé par ces présentes, signées de notre main, agréons, approuvons, confirmons et ratifions ladite délibération, et voulons que, conformément à icelle, les Augustins déchaussés soient et demeurent établis à perpétuité en ladite chapelle, selon la forme et teneur d'icelle délibération ; et donnons en mandement à nos amés et féaux conseillers, gens tenant notre cour de Parlement de Provence, et à tout autre qu'il appartiendra, que du contenu en ces dites délibérations, ils fassent confront et laissent jouir, user pleinement et paisiblement lesdits suppliants, sans leur faire ni souffrir leur être fait tort, ni à l'avenir aucun trouble ni empêchement, et afin que ce soit chose ferme, établie à toujours, nous avons fait mettre notre sceau à cesdites présentes.

En tout donné à Saint-Germain-en-Laye, au mois de novembre, l'an de grâce mil six cent quarante, et de notre règne le trente-unième.

Signé : LOUIS.

Pour extrait des registres du Parlement de Provence,

Signé : FURAT.

Par cette pièce, on peut se convaincre combien cette dévotion à Notre-Dame de Montaigu avait pris d'extension ; et aussi, des hommes influents en avaient pu appeler à la piété du ver-

tueux Louis XIII. Car de Bargemon sont sortis de
tous les temps des hommes de distinction de plus
d'un genre.

Les rares lumières de Monseigneur Antoine
d'Arbaud, évêque de Sisteron, le mirent en rap-
port avec les illustrations de son siècle. Le précieux héritage, que lègue à la science le docteur
Henri Moreri, nous fait assez pressentir le degré
de gloire qu'il se serait acquis, si la mort ne l'avait
moissonné à l'âge de trente-sept ans. De nos jours,
tout le monde ne sait-il pas que c'est de cette
petite cité, que sortirent à la fois tant d'hommes
d'élite, qui ne se distinguèrent pas moins par
leurs écrits que par leur rare habileté dans les
hautes fonctions administratives qu'ils rempli-
rent.

Si, pour la gloire de notre pays, nous avions pu
revendiquer encore un nom recommandable autant par ses vertus que par sa science, notre bonheur eût été sans mesure. Mais le souvenir que
Bargemon était le berceau de sa famille et la demeure dernière de ses aïeux, lui en a dit assez,
pour qu'il prît à cœur de faire revivre, parmi son
troupeau, cette dévotion sainte, qui fut celle de
ses pères.

Aussi est-ce par la tendre sollicitude de ce vé-
néré pasteur, Monseigneur Jordany, que nous
voyons disparaître tous les obstacles qui, jusqu'à

ce jour, nous avaient mis dans l'impuissance de tirer de la poussière ce *Trésor inconnu* maintenant *découvert*, qu'un pieux religieux fesait paraître, il y a deux cent quinze ans, en publiant les merveilles de la mère de Dieu dans sa chapelle de Montaigu. Daigne, la Reine du ciel, en récompense de cet acte de piété filiale, répandre sur sa personne et son épiscopat ses faveurs les plus signalées, et bénir son zèle infatigable dans la lourde charge qui lui a été imposée, bien qu'elle se montre à lui sous de si heureux auspices !

Ce fut par mandement, en date du vingt-huit août seize cent quarante-un, que Monseigneur Pierre de Camelin, évêque de Fréjus, témoin lui-même des miracles, après avoir nommé une commission pour les examiner, autorisa le révérend père Raphaël, augustin déchaussé, à publier *le Trésor inconnu découvert*, où ils se trouvent relatés

A dater de cette époque, on n'a plus recueilli par écrit aucun de ces prodiges, parce qu'ils devinrent trop fréquents, ou bien si l'on en recueillît les plus frappants, il pourrait bien se faire que les registres où ils avaient été consignés eussent disparu dans les temps malheureux de la révolution.

Il a dû sans doute se reproduire depuis lors

des faits aussi prodigieux que ceux rapportés dans cet opuscule, pour que, plus d'un siècle durant, on ait vu accourir aux fêtes de la Pentecôte jusqu'à mille et quinze cents pélerins, venant implorer le secours de la bonne Vierge ou lui rendre grâce des faveurs qu'ils en avaient reçues.

Les *ex-voto*, qui sont la décoration précieuse du sanctuaire, nous donnent bien droit de le penser. Quatre-vingt-neuf et son vandalisme n'osèrent y toucher, et tandis qu'on brisait les autels, qu'on effaçait jusqu'au nom de Dieu dans ses autres temples, la rage s'arrêtait comme interdite devant celui-ci, et se contentait d'en fermer l'entrée aux fidèles. Toutefois, en secret, des âmes vertueuses s'y assemblèrent et eurent la joie bien grande d'y voir immoler sur ses autels l'auguste victime.

Notre-Dame de Montaigu subit le sort des autres églises. On la vendit; mais il faut bien le dire, ce fut un étranger qui conclut cet infâme marché.

Les jours de la terreur expirés, déjà des familles dont le nom figurerait ici, si elles n'étaient trop nombreuses, s'empressaient de racheter ce lieu béni, pour le livrer de nouveau à la vénération des fidèles.

La providence n'avait pas veillé avec moins de soin à la conservation de la précieuse relique. Un homme chrétien par le cœur, la distingua dans un

2.

pêle-mêle d'objets de toute espèce, où des mains impies l'avaient jetée pour la mettre à prix, comme tout le reste. Il s'en saisit, et plus tard, lorsque à ces jours de deuil succédèrent des jours plus calmes, il eut la douce joie d'avoir rendu un immense service à son pays, en replaçant sur son autel la Vierge tutélaire.

Les religieux du couvent qui, selon la tradition, avaient toujours travaillé au salut des âmes avec zèle, se montrèrent fidèles. Les deux pères qui restaient, Ducos et Bezu, se livrèrent avec un dévouement admirable, dans ces jours de révolution et de trouble, à l'œuvre redoutable d'un ministère que proscrivaient alors des lois impies et détestables. Ainsi l'ordre des Augustins avait rempli honorablement son mandat. Plus tard, les pénitents voulurent se reconstituer. Ce fut le quinze décembre mil huit cent sept, que Monseigneur Jérôme-Marie Champion de Cicé, Archevêque d'Aix, les autorisa à s'ériger en confrérie et leur donna lui-même un règlement Ils rentrèrent en possession de la chapelle de Notre-Dame de Montaigu, et devinrent par suite dépositaires de la Vierge miraculeuse qui, après plusieurs années d'exil, était enfin rentrée dans son sanctuaire.

La génération qui sortit de ces temps misérables, se montra si dédaigneuse de ce qui regardait Dieu, qu'il eût été bien surprenant qu'elle n'eût perdu aussi quelque chose du souvenir de sa Mère. Dès lors qu'il n'y eut plus une institution attachée au service de se sanctuaire, on ne vit que de loin en loin quelques rares pélerins, qui conservèrent cette confiance à Notre-Dame de Montaigu, ainsi que se conserve une tradition dans une famille vertueuse.

Qui oserait nous assurer aujourd'hui que ces beaux jours d'autrefois ne pourraient plus renaître ? Ce n'est pas la Bonne Mère, qui nous abandonne, c'est nous qui désertons son sanctuaire. Mais si, par la tendre sollicitude d'un de ses plus proches enfants, ces jours de fête et de pardon étaient rétablis ; mais si, par des moyens que le ciel sait si bien suggérer à un cœur plein de zèle, on remettait en lumière ce Trésor, qui tendait à être enfoui pour le malheur d'un grand nombre, nous reverrions ici ce qu'on y admira autrefois, et ce qui s'opère de nos jours dans quelques autres sanctuaires.

Des faits, qui ne sont pas de longue date, sont le moyen dont Dieu s'est servi pour empêcher que les dernières lueurs de foi ne vinssent à être étouffées dans le cœur des plus infidèles. Trois incendies, dont la population ne pouvait se rendre maîtresse, s'éteignirent comme par enchantement, en présence de cette statue miraculeuse. Ces faits, quoiqu'ils n'aient reçu aucune sanction de l'autorité, j'ose les citer, parce qu'ils se sont accomplis en face de tout un peuple ; et on pourrait en citer bien d'autres, sans parler de ces grâces, de ces guérisons toutes particulières, que bien des âmes obtiennent tous les jours.

Non, ce n'est jamais en vain, qu'on vient aujourd'hui encore implorer l'assistance de cette bonne et tendre Mère. Ce n'est pas à plaisir qu'on invente une dévotion qui se perpétue depuis des siècles. L'âme la plus persévérante se lasse bientôt, quand le néant se trouve sans cesse à la fin de sa demande.

Si nous faisions la cour à une puissance de la terre, heureux qu'elle nous eût choisis pour ses enfants, nous serions jaloux de garder pour nous seuls ses faveurs; mais la richesse dont est pourvu le trésor de cette auguste Reine, ne s'épuise pas; nous y puiserons même plus abondamment, si, par de persévérants efforts, nous pouvons y faire participer le reste de nos frères.

A LA MÈRE DE DIEU.

Reine des cœurs, Mère d'amour, pour qui tous les chastes amants soupirent sans cesse, je serais criminel et punissable par toutes les rigueurs de la justice de Dieu, si commençant cet ouvrage, que je dédie à la postérité pour la gloire de votre nom, à dessein de découvrir vos nouveaux bienfaits à ceux qui ne les connaissent pas, je n'implorais l'appui de vos grâces. Je ne daigne pas vous l'offrir, car il est à vous; mais seulement je vous prie avec humilité, afin qu'il vous soit agréable, de faire qu'il soit par vous, comme il est pour vous, à vous et de vous-même. Guidez donc, s'il vous plaît, adorable Vierge, et ma main et ma plume dans ce dédale de tant de perfections, dont le ciel à l'envi même de la nature vous a ornée, et de tant de merveilles, que depuis peu vous avez produites à Bargemon par votre image miraculeuse, et dont vous avez rendu les Augustins déchaussés et dépositaires et témoins, afin qu'ils pussent en être les trompettes. Et afin que rien ne vous déplaise dans ce panégyrique, mettez le cœur qui vous le présente en l'état que vous le désirez.

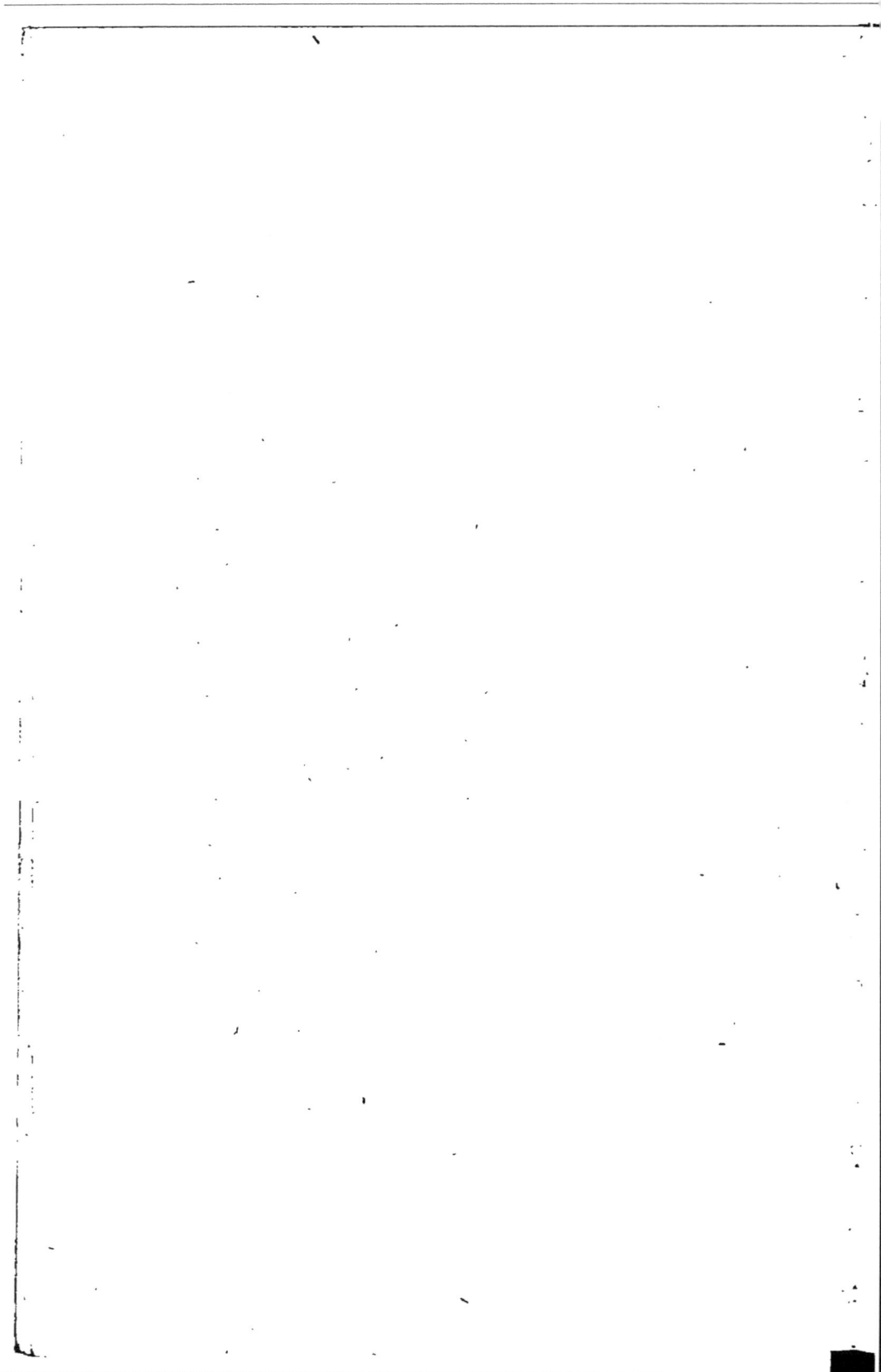

ATTESTATION *et* PERMISSION *de Monseigneur l'Illustrissime et Révérendissime Évêque et Seigneur de Fréjus, pour la publication des miracles contenus en ce livre.*

NOUS PIERRE DE CAMELIN , par la Grâce de Dieu et du Saint-Siége Apostolique , Évêque et Seigneur temporel de Fréjus ,

Ayant vu et examiné plusieurs grands miracles que Dieu a opérés et opère tous les jours dans la chapelle de Notre-Dame de Bargemon , lieu de notre Diocèse , où repose une image miraculeuse de la très-sainte Vierge , désirant contribuer de tout notre pouvoir à la conservation et accroissement de cette dévotion , après avoir établi et député commissaires pour s'informer juridiquement de la vérité des susdits miracles ; Nous les ayant exhibés dûment et juridiquement attestés par témoins et personnes publiques , permettons par ces présentes qu'ils soient non seulement publiés et prêchés , mais encore imprimés au présent livre ; et en foi de ce , avons de notre main signé les présentes et fait mettre notre sceau par notre Secrétaire , soussigné.

Donné à Fréjus , dans notre Évêché , le vingt-huitième d'août mil six cent quarante-un.

Signé : PIERRE , Év. de Fréjus.

Du Mandement de mon dit Seigneur :

VAISCIÈRE.

PERMISSION

du Très-Révérend Père Vicaire-Général.

Nous permettons que ce livre, qui a pour titre : *Le Trésor inconnu*, etc. et qui a été composé en l'honneur de la Mère de Dieu, par le R. P. Raphaël, prédicateur de notre ordre, soit imprimé après les Approbations et Attestations de droit requises.

En foi de quoi avons signé et fait sceller les présentes.

Donné à Paris, ce septième mai mil six cent quarante-un

Signé : F. GELAZE, Vic. gén. des Aug. déchaussés.

APPROBATION DES THÉOLOGIENS.

Nous soussignés, Religieux de l'ordre des Carmes et Docteurs en théologie, attestons avoir lu le Panégyrique de la Mère de Dieu, composé par le R. P. Raphaël, Augustin déchaussé, et intitulé : *Le Trésor inconnu, etc.* et certifions n'y avoir rien trouvé qui contredise aux vérités de la foi chrétienne ni aux bonnes mœurs, aussi l'avons jugé aussi riche en sa composition et en sa matière qu'il l'est en son titre, et digne d'être curieusement recherché par tous ceux qui font profession d'honorer Marie.

A Aix, ce vingt-quatrième septembre mil six cent quarante-un.

Signé : F. Philibert FESAYUS, Docteur et Prof. du Roi en théologie en l'Université de Bourbon, à Aix.

Signé : F. Claude FESAYUS, Docteur en théologie dans la même université.

AU LECTEUR.

Mon cher lecteur, qui vous découvrirait un trésor, et vous en mettrait la clef en main avec la liberté d'en puiser toutes sortes de biens de corps, d'esprit et de fortune, sans autre prétention que celle de vos intérêts, ne vous obligerait-il pas? Il le ferait sans doute : et cela étant, j'espère ne pas vous déplaire par le présent que je vous fais de ce panégyrique, qui vous découvrira dans Bargemon un nouveau temple de la Mère de Dieu, où elle semble recevoir et donner de meilleur cœur qu'en aucun lieu du monde, et vous donnera en même temps diverses instructions pour n'en sortir jamais, ni de tout autre où elle agréera d'être servie, qu'avec les biens que vous y prétendrez.

Je l'ai fait sans chapitres, et me suis contenté d'une table et de paragraphes pour la satisfaction des orateurs, qui aiment à voir des liaisons et des enchaînements qui tiennent la fin du discours attachée au commencement ; mais je ne l'ai pas fait sans raisonnements ; ni sans attestations juridiques des prélats, des magistrats et des parties

3

pour prévenir les libertins qui cherchent dans la nature, la fortune, l'art ou l'opinion des hommes, les merveilles qu'on ne doit qu'à la grâce. Le raisonnement montrera dans la circonstance des miracles l'impuissance de la nature, et vous expliquera en peu de mots tout ce que la théologie enseigne de plus haut en faveur de Marie. L'attestation de ses merveilles ne se prendra pas des hommes qui soient ou sans nom ou sans vie; mais de ceux qui, après avoir juridiquement déposé, juré et signé, sont encore presque tous aussi prêts à publier ce qu'ils ont reçu, que je le suis à écrire ce que souvent j'ai vu.

Je ne me serais pas ici nommé comme auteur, si je n'eusse été obligé de me nommer comme témoin de ce que j'ai plusieurs fois admiré aux pieds de cette sainte image, qui peut avoir des semblables en figure et en matière, en quelques églises du royaume, mais non pas en miracles, que cette magnifique princesse produit en ce lieu de Bargemon, avec plus d'évidence et d'abondance qu'en aucun lieu du monde, pour quelque secret du ciel, que j'adore, ne pouvant le comprendre. Il n'y eut jamais lieu plus fréquenté des endroits, qui en ont connaissance; il n'y eut jamais cour où les expéditions fussent plus promptes. Mais si la piété guide vos pas pour y venir, et vous avez encore quelques passions moins nettes, laissez-les au logis, les cœurs profanes n'y entrent point. Je vous donne le même avis, si la curiosité guide vos pensées pour lire ce livre; et vous prie de n'avoir d'autre passion, en le lisant, que celle que j'ai eue en l'écrivant, qui est une passion de vous servir et de faire que vous serviez Marie.

<hr>

À Très-Haut et Puissant Prince

LOUIS DE VALOIS, COMTE D'ALAIS,

Colonel général de la Cavalerie légère de France,
Gouverneur et Lieutenant-Général pour le Roi
en ses Pays et Armée de Provence.

MONSEIGNEUR,

Sortant de Draguignan, où Votre Grandeur, qui n'a rien de trop haut pour son esprit, ni de trop bas pour sa bonté, agréa que j'eusse l'honneur de lui prêcher la parole de Dieu et lui faire connaître ses vertus dans mes discours, comme vous y fîtes paraître dans les vôtres à l'assemblée

du pays, votre zèle au service du roi, vos tendresses au bien du peuple et la force de votre éloquence, dont les charmes tinrent si long-temps
enchaînées les meilleures oreilles de la province,
dont vous avez, il y a longtemps, enchaîné les
cœurs, je choisis, pour vivre solitairement un mois
et quitter l'office de Marthe, le lieu de Bargemon
que la mère de Dieu a, depuis cinq ans, choisi
pour y recevoir la visite des princes et l'hommage
des peuples.

Y étant, on m'a pressé d'en employer le séjour
que je n'avais destiné qu'à la prière et à la fonc-
tion de Magdeleine, pour découvrir à tout le
royaume le Trésor que la Provence possède en ce
lieu, et faire connaître au public les merveilles
que cette reine des cieux y produit à tous moments. L'ayant fait en ce panégyrique avec tous
les ornements et toutes les instructions que le sujet m'a permis, pour le rendre agréable à la
sainte Vierge et utile à ses serviteurs, la raison et
le devoir m'ont commandé de l'offrir à Votre Grandeur, qui ayant daigné ouïr de ma bouche avec
contentement quelque petit échantillon de ces
prodiges, résolue d'en visiter la source, lira sans
doute le reste dans ce livre avec admiration, et
jugera avec raison que ce siècle, que je veux
appeler le siècle de la Vierge, semble ne pas être
différent en miracles du siècle même de Jésus-

Christ, puisqu'asture (aujourd'hui) comme alors, les mourants comme les morts recouvrent la vie, les aveugles la vue, les muets la parole, les sourds l'ouïe, les boiteux la droiture, et les fous même la sagesse; et sont encore maintenant presque tous vivants, marchant, entendant, parlant, raisonnant et publiant eux-mêmes les biens qu'ils ont puisés de ce céleste Trésor.

A qui pouvait être présenté ce Trésor, qu'à Vous, Monseigneur, qui foulez aux pieds ceux de la terre, dans un temps auquel l'éclat de l'or tente la foi et surmonte la constance des plus généreux? A qui devrais-je offrir l'histoire de ces merveilles qu'à Vous, que je considère comme l'abrégé des merveilles de ce siècle et un des plus signalés miracles de la Vierge, qui ayant toujours eu des affections particulières pour la royale maison de Valois, de qui elle a reçu tant de temples pour son service, et la France tant d'exemples, et singulièrement par Charles V, Charles VI et Charles IX, par François Ier et Louis XI, qui a établi dans nos villes cette glorieuse coutume de la saluer trois fois chaque jour, semble avoir ramassé en votre personne tous les plus délicieux traits de sa bonté et les plus manifestes caractères de son pouvoir; pour vous rendre le digne objet des affections du roi et de l'admiration des peuples, et le plus parfait imitateur de ses vertus,

3.

dont l'humilité tenait l'empire, et que vous possédez, Monseigneur, en aussi haut point, que cette épître n'ose le dire, de peur qu'elle ne vous défendît de la lire? Car cette vertu vous a rendu si fort ennemi des louanges, que vous savez bien les mériter, mais non pas les écouter, quoiqu'on dût sans cesse vous louer, puisqu'en vous louant on loue la Vierge, dont la piété vous a rendu si louable, et de qui je dois encore le discours à Votre Grandeur pour un petit témoignage d'une grande reconnaissance de mon ordre; qui n'étant entré en la possession de cette miraculeuse image qu'à l'aide de ses recommandations reçues avec tant de respect, en doit rapporter tout le succès à votre gloire, que je tiens inséparable de celle de la Vierge, dont je vous ai déjà, il y a deux ans, offert les sacrifices mêlés avec ceux de la France, et aujourd'hui je vous en offre les bienfaits enchaînés avec les vôtres; et comme je n'ose pas, Monseigneur, vous présenter de mes œuvres, ne pouvant rien produire qui soit digne de vos pensées, je vous présente toujours celles de la sainte Vierge, dont l'offrande semblerait être profanée si elle était présentée à tout autre autel qu'à celui de Votre Grandeur, où toutes les vertus se font admirer. Et en qualité d'offrant j'aurais été criminel et condamné de tous ceux de qui j'ai l'honneur d'être connu, si j'en eusse publié le discours sous autre autorité que sous celle de votre nom, vu même, Monseigneur, qu'en vous rendant ce que je vous dois, je trouverai assurément ce que je cherche, qui est la gloire de la Mère de Dieu dans l'approbation de ce livre, puisque votre seul aveu vaut mieux que toutes les approbations publiques. Votre nom rendra ce panégyrique digne des accueils que le mien ne mérite pas ; et s'il attire les regards, ce sera plutôt par l'éclat de ce nom que par les ornements de ma plume, qui ne pouvant et n'osant vous louer de ce que vous êtes, me louera, avec votre permission, de ce que je suis et serai jusques au tombeau, avec un respectueux défi du plus à tout autre du monde,

MONSEIGNEUR,

Votre très-humble, très-obéissant et très-fidèle serviteur et prédicateur,

FRÈRE RAPHAEL,
Augustin déch.

LE TRÉSOR INCONNU

DÉCOUVERT

DANS LE PANÉGYRIQUE D'UNE IMAGE MIRACULEUSE

DE LA

MÈRE DE DIEU,

CONSERVÉE AU LIEU DE BARGEMON EN PROVENCE.

———⋯———

§ Ier

Ce serait être indigne de voir la lumière et de ressentir les douces influences du cœur obligeant de la Mère de Dieu, de voir, savoir et recevoir continuellement ses amoureux bienfaits, et de ne pas les honorer et reconnaître. Comme l'amour n'est jamais sans libéralité, aussi ne faut-il pas que la libéralité soit jamais sans reconnaissance. L'ingratitude est le retranchement des bienfaits, dit saint Bernard; c'est le funeste vent qui sèche et fait tarir la source de toutes les bontés; c'est le dangereux rocher, qui arrête le cours de tou-

tes les grâces. La reconnaissance, au contraire
attire et mérite un surcroît de nouvelles faveurs. Et comme les grâces que nous recevons
de la Mère de Dieu, sont si abondantes en ce
siècle, qu'elles ne nous laissent quasi pas le loisir
de considérer celles du passé, tant elles nous
tiennent occupés à recueillir celles du présent,
il faut les reconnaître, et considérer cette divine
Reine ainsi que l'échelle de Jacob par laquelle
comme les anges viennent continuellement du
ciel en terre les mains pleines de grâces, qui
ont été accordées en notre faveur, aussi y doivent-
ils remonter chargés de nos reconnaissances.

§ II.

Je sais bien que, quoi que nous fassions, notre
gratitude n'égalera jamais ses mérites. Je n'i-
gnore pas que quand toutes les puissances de nos
âmes seraient distillées pour en tirer un suc de
reconnaissance, et qu'à ces mêmes fins toutes les
parties de nos corps deviendraient des langues ou
des cœurs, elles ne sauraient arriver au moindre
trait de douceur qui sort du cœur amoureux de
cette Reine, et qu'il faudra toujours plier sous le
poids de nos dettes; vu même qu'il n'y a que
Dieu seul qui connaisse parfaitement les bons
offices qu'elle rend aux hommes. Mais nous aurons
fait ce que nous aurons dû, lorsque nous aurons

fait ce que nous aurons pu. La grandeur de ses bienfaits excusera le défaut de notre impuissance. La libéralité et la reconnaissance ne sont pas un trafic, et s'il fallait toujours rendre à l'égal de ce qu'on a reçu pour éviter l'ingratitude, il ne faudrait jamais rien recevoir de Dieu, ni même de la sainte Vierge, envers qui nous ne saurions user de retour; ni même rien rendre à nos parents, vu qu'il n'est point de bien en notre pouvoir qui puisse égaler la vie qne nous en tenons. Pour ne pas être ingrat, c'est assez de ne le vouloir pas être. La reconnaissance se fait autant du cœur et de la langue, que de la main; et si celui qui donne est véritablement libéral, il ne doit avoir en ses présents autre dessein, si ce n'est que ce qu'il donne soit agréablement reçu; et celui qui reçoit doit plutôt préparer le cœur pour agréer et aimer, que la main pour rendre.

J'en dis autant à proportion de la Mère de Dieu, elle se contente en nous obligeant que nous reconnaissions ses faveurs, et que nous les honorions du cœur et de la langue; du cœur en les estimant, et de la langue en les publiant. On doit les estimer, les prenant comme des caresses d'une bonne Mère, dont la charmante douceur surpasse celle de toutes les mères du monde. On doit les publier et faire connaître, s'il est possible, à tous les mortels; car il n'appartient

qu'aux lâches et aux ingrats, dit Sénèque, de ne
vouloir recevoir les bienfaits qu'en cachette, et
de ne dire merci qu'en secret et à l'oreille.

Il faut publier l'auteur de nos bienfaits pour
convier tout le monde à l'aimer; c'est la première
et la plus haute de toutes les reconnaissances.
C'est celle dont ont usé tous les favoris de la Vierge
qui, pour attirer à elle le cœur et l'hommage des
peuples, porter son nom par tous les coins de
l'univers et laisser à la postérité un témoignage
éternel de ses grandeurs et de ses libéralités,
ont représenté les bienfaits qu'ils en avaient reçus
sur des tableaux ou dans des livres. Enfin c'est
cette raison, qui maintenant anime mon esprit et
donne l'essor à ma plume pour écrire ce Panégyrique. Et ne pouvant autrement reconnaître les
merveilles, les bénédictions, les grâces, les soula-
gements, les santés et les bienfaits dont cette adorable Vierge a depuis peu comblé et comble encore
tous les jours les chrétiens qui viennent l'honorer
en cette image miraculeuse, conservée au lieu de
Bargemon, j'ai cru au moins devoir les faire connaître à tout le reste du royaume pour porter les
peuples à son service, ajouter à leur affection de
nouvelles flammes, attirer en ce saint lieu ou les
corps ou les cœurs, rendre par raison et par
justice toutes les âmes tributaires de ses bienfaits ou de ses mérites, et convier ses plus fidèles

serviteurs à venir ici honorer sa bonté et publier sa puissance.

§ III.

Cette puissance est telle, que les plus hauts de tous les Séraphins n'en sauraient avoir que des idées imparfaites et rampantes; et encore ne parlé-je pas ici de cette puissance inconcevable qu'elle a eue autrefois étant en terre, où elle seule a eu le pouvoir de faire descendre le Verbe éternel du plus haut trône de sa gloire dans les plus profonds abîmes de notre bassesse; où elle seule a pu comprendre, dans le plus petit espace de ses chastes flancs, celui à qui tout l'univers ne pouvait suffire; où elle seule a pu retenir le bras de Dieu, dont nous avions irrité la justice par la force de nos crimes; bref où elle seule, par une parole de consentement, a empêché le monde de périr, et a rendu le commerce libre entre le ciel et la terre. Je ne parle pas, dis-je, de cette puissance qu'elle a eue sur l'Esprit de Dieu, en qualité de Dieu; ma plume ne vole pas si haut et mon esprit rampe bien plus bas, je ne parle que de cette puissance qu'elle a maintenant au ciel sur l'Esprit de Dieu en qualité de Fils, qui est une puissance maternelle, naturelle et sans pareille.

4

§ IV.

Nous admirons le pouvoir que Moïse s'était acquis sur le cœur de Dieu, dont il semblait enchaîner la puissance et arrêter le bras par la force de ses prières, de peur qu'il ne perdît son peuple !

Nous sommes étonnés, lorsque nous lisons que Josué commande au soleil d'arrêter sa course, afin que la nuit n'arrête pas sa victoire, et que Dieu ne fait pas difficulté d'obéir à la voix de son serviteur ! Nous sommes ravis dans l'histoire des saints de voir les admirables condescendances de Dieu à leur égard et l'appréhension qu'il a de les contrister, suspendant pour eux l'action naturelle de toutes les créatures, leur faisant fouler à pied sec les eaux de la mer sans en craindre les abîmes, et marcher sur les brasiers ardents avec autant de délices que sur des roses ; et toutefois ce ne sont là que des grâces purement gratuites et des puissances d'un favori sur son prince ou d'un ami sur un ami ; et il s'agit ici d'admirer en la Vierge un pouvoir maternel fondé sur la grâce et la nature tout ensemble. C'est bien plus d'être la mère d'un prince, que d'être son ami, son serviteur ou son favori.

Pensez des saints et des esprits bienheureux tout ce que votre imagination et votre affection pourront vous en représenter de plus grand ; re-

haussez leur honneur et leurs mérites tant qu'il
vous plaira, ils demeureront toujours serviteurs,
et la Mère est mère. Son pouvoir est fondé en
nature, recommandé de Dieu et reconnu de son
Fils, qui n'étant au monde que pour accomplir
la loi et perfectionner la nature, veut donner lui-
même, comme auteur de la nature et de la grâce,
exemple aux enfants de ce qu'ils doivent à leur
mère, en accordant tout à la sienne sur la plus
faible de ses prières, quoique toutes-puissantes.
Car quand toutes les étoiles du firmament, toutes
les feuilles des arbres, toutes les pierres de la
campagne et tous les grains de sable qui sont
sur le bord des fleuves et de la mer seraient chan-
gés en avocats, ils ne feraient pas tous ensemble ce
que fait une seule parole de cette divine Mère, qui
du seul vent de son haleine peut éteindre tous les
feux du ciel et en attirer toutes les grâces en
faveur de ses serviteurs; et c'est ici la puissance
dont je parle, et qu'elle nous fait si sensiblement
admirer à tous les moments dans ce lieu de Bargemon, et en cette miraculeuse image qu'on y
possède; qu'il faudrait se crever malicieusement
les yeux pour n'en pas découvrir les merveilles,
ainsi que vous le jugerez par la suite de ce panégyrique. Et si le dessein que j'ai de profiter
au public, produit l'effet que je me suis proposé,
tout cet honneur de la sainte Vierge remontant à

la première source, nous apprendra les faveurs
que nous devons à la bonté éternelle de Dieu,
qui ne s'est pas contenté de nous donner un père
plein de compassion, qui nous a engendrés et
rachetés de son sang précieux; mais encore une
Mère d'amour, qui nous alimente sans cesse de
ses grâces, et qui pour ne pas rendre ce siècle
moins heureux que les précédents, ne nous est
pas moins libérale que jamais. Vous le conclurez
comme moi à la fin de ce discours.

§ V.

Représentez donc à vos esprits, chrétiens,
que comme, à la réserve seulement de l'infinité
et de l'indépendance, qui ne sont propres qu'à
Dieu, il n'est point de perfection extérieure,
d'honneur apparent ni de privilége temporel, dont
Dieu n'ait rendu participante la mère de son fils;
représentez-vous, dis-je, que comme c'est un
des priviléges de la divinité d'avoir des temples et
des autels, où Dieu descend pour y manifester
particulièrement l'éclat de sa grandeur et y faire
largesse de ses biens, de même il a permis de
bâtir des églises en l'honneur de cette Reine des
Anges, où elle peut recevoir nos respects et
nous ses grâces. Dans ces temples comme ce
même Dieu, qui est le maître des temps et des

lieux , a toujours fait à diverses époques le choix de certaines places pour y être particulièrement honoré et y communiquer plus abondamment qu'ailleurs ses bénédictions et ses faveurs, pour des raisons à lui connues ; de même quoique en tout temps et de tout lieu elle entende et agrée nos vœux , la sainte Vierge a toujours eu quelques places privilégiées et choisi quelques églises où , faisant jouer les ressorts extraordinaires de sa puissance, elle témoigne y recevoir plus qu'ailleurs l'hommage de nos prières et de nos visites , et où ses plus fidèles serviteurs sont allés de tout temps présenter leurs cœurs et rendre leurs devoirs.

§ VI.

Entre ces lieux qu'à diverses époques elle a choisis , l'honneur que je dois à cette souveraine des cieux et les diverses merveilles dont mes yeux ont été les témoins, m'obligent de dire , à ceux qui ne le savent pas , qu'il y a en Provence une sainte et vénérable chapelle dans la ville de Bargemon , où depuis cinq ans cette magnifique Princesse semble recevoir et donner de meilleur cœur qu'en aucun lieu du monde.

Parmi tant de mille chrétiens qui , depuis ce temps, ont abordé ce saint lieu , soit par des dévotions privées , soit par des processions généra-

4.

les des villes et villages qui, jusqu'à l'étendue de quinze à seize lieues, ont eu connaissance de ce nouveau trésor, il n'en est pas un qui n'ait ici cueilli les grâces de la sainte Vierge à pleines mains ; qui n'ait été spectateur de quelque miracle, tant ils y sont fréquents, et qui n'ait enfin obtenu l'effet de ses demandes, cût-il même sollicité la vie des morts, qui est le miracle des miracles, et la vraie pierre de touche pour faire juger avec assurance si ces événements extraordinaires sont les effets de la nature ou de la prière, de la médecine ou de la grâce. Vous en jugerez sans doute comme moi à l'honneur de la Mère et à la gloire du Fils, si d'abord je vous ai découvert la source de ces célestes bénédictions, et ce qui, après son amour, qui est le premier mobile de toutes ses œuvres, sert de motif extérieur et visible à la production de tous ces miracles.

§ VII.

Considérez donc que ce qui a donné commencement à toutes ces merveilles, est une petite statue de la sainte Vierge, haute d'un demi-pied et faite du bois du chêne miraculeux de Notre-Dame de Montaigu, dont vous avez sans doute souvent ouï parler. Je dirai ici en passant, pour l'instruction de ceux qui pourraient l'ignorer, qu'il y a, dans le pays de Brabant, un village nommé Sichem, de l'héritage de la maison de Nassau, qui possède dans son terroir une petite colline appelée Montaigu, sur laquelle était autrefois un chêne qui, dans le milieu de son tronc, avait une niche où était enfermée une petite statue de la Mère de Dieu, d'une si parfaite beauté, qu'on jugeait aisément, en la voyant, que c'était l'œuvre des anges plutôt que des hommes. Les ravissants attraits de cette innocente beauté attirèrent les yeux, le cœur et la main tout ensemble d'un pauvre petit berger qui, gardant ses brebis en cette contrée, la prit et la cacha dans son sein, avec le désir de la porter sur soi, afin de s'animer souvent par la vue d'une si belle copie au service de l'original et à la dévotion de la sainte Vierge.

Mais Dieu qui, pour le salut des âmes et le repos des peuples, pour lors comme à présent affligés de toutes parts, avait dans l'éternité de ses pensées, préparé ce chêne pour être le sacré dépositaire d'une si précieuse relique, permit que ce berger devînt immobile et ne put jamais s'éloigner de l'ombre de cet arbre, jusqu'à ce que son maître, ne voyant pas revenir le troupeau à l'heure ordinaire, fût le chercher de tous côtés. Ayant trouvé son berger dans cette impuissante posture, et ayant appris naïvement de lui qu'il avait dérobé cette image, il la remit dans sa niche, jugeant avec raison que c'était là le sujet de ses peines. Dès que le chêne eut recouvré le trésor qu'on lui avait ravi, le berger recouvra aussi la liberté qu'il avait perdue, et s'en alla avec son maître raconter ces merveilles, dont le bruit attira les chrétiens de toutes parts au pied de ce chêne, avec des miracles si fréquents et si visibles, que les plus libertins en leur croyance étaient forcés de les avouer et d'en adorer la cause, après en avoir reconnu ou ressenti l'effet.

Cette image fut dérobée par les hérétiques en mil cinq cent quatre-vingt. Cependant les chrétiens ne laissèrent pas de continuer leurs vœux auprès de ce chêne, et la sainte Vierge ses miracles. Alors pour contenter la dévotion du peuple, on mit dans cette miraculeuse niche une autre statue que je crois avoir été faite de ce même bois, et où elle fut conservée jusqu'en mil six cent deux. A cette époque le chêne penchant à sa ruine et menaçant de chute, pour avoir été coupé en tous ses endroits par divers pélerins, qui tous, par dévotion, voulaient en emporter quelque morceau, l'archevêque de Malines, nommé Matthias Hovius, fit bâtir une église pour y continuer cette dévotion et conserver cette seconde statue, dont le premier miracle fut de suer le sang, comme si elle eût regretté la mort de ce chêne qui, étant

abattu , fut honorablement transporté à Sichem.
On fit de son bois diverses petites statues qui depuis ont été partagées à diverses églises et à la
présence desquelles Dieu a opéré tant de merveilles , que si je voulais donner la liberté à ma
plume de les publier toutes, il faudrait écrire
sans fin.

Ce que je viens de raconter étant supposé comme véritable, ayant été confirmé par miracles,
autorisé par l'aveu des princes et la voix des
peuples, et rapporté en latin par Yuste Lipse, né
à Louvain, qui n'est qu'à cinq lieues de Sichem ;
il faut redire que tout ce qui a donné commencement à la production de tant de miracles, qui
s'opèrent tous les jours en cette vénérable chapelle
de Bargemon, est une de ces petites statues faite
du bois de ce miraculeux chêne dont je viens de
dire les merveilles. Cette statue fut envoyée en
cette ville de Bargemon en mil six cent trente-
cinq par le révérend père Sébastien Gaché, natif
de Bargemon et religieux du tiers-ordre de saint
François. L'ayant reçue d'un des principaux officiers de la Sérénissime Infante Isabelle-Claire-
Eugénie d'Autriche, princesse et archiduchesse
de Flandre, il en voulut honorer et enrichir sa
patrie. L'illustrissime évêque de Fréjus, après
l'avoir reconnue et bénite, la porta procession-
nellement et la logea, le vingt-quatre du mois de

mars, avec toutes les solennités et tous les respects que la piété, l'amour et la joie purent lui fournir en cette circonstance, dans la chapelle des pénitents blancs. Heureux pénitents! Heureux pays! Heureuse chapelle pour avoir été la dépositaire d'une relique si sainte!

Si la maison d'Obédédom fut comblée de tant de bénédictions pour avoir reçu avec respect l'arche d'alliance, qui ne renfermait que la manne et les tables de la loi; quelles bénédictions! quelles grâces! quels honneurs n'aura pas cette sainte chapelle, qui a accueilli avec tant d'amour l'arche même de Jésus-Christ! En effet, les grâces du ciel y ont été depuis si abondamment communiquées; les miracles y ont paru si fréquents et si visibles; l'hommage et le concours des étrangers si extraordinaires; les confessions et les conversions si familières, qu'il a fallu chercher ailleurs des ouvriers pour suffire à une si abondante moisson et satisfaire à la piété des pélerins. A cet effet on a établi à côté de cette vénérable chapelle un couvent de religieux Augustins Déchaussés, maintenant gardiens de ce riche trésor.

Monseigneur l'Évêque de Fréjus a témoigné, dans cette circonstance, son zèle avec tant d'ardeur pour l'intérêt du public, que la mémoire en doit être éternelle; le sieur Protonotaire de Vauclause qui en est le prieur, et le sieur de Vauclause, son neveu, qui en est le seigneur, s'y sont portés avec tant de cœur, que je n'ai pas assez de langue pour exprimer leurs soins et la piété qu'ils y ont fait paraître; les consuls et tous les habitants y ont montré un excès de bonté et promis même d'y contribuer de leurs biens; et les pénitents, qui étaient auparavant possesseurs de cette sainte image, ont cédé à leurs propres intérêts pour la satisfaction des étrangers et l'honneur de cette miraculeuse Vierge.

§ VIII.

Voilà, cher lecteur, l'établissement et la naissance de cette dévotion. Venons-en maintenant aux merveilles qui l'ont confirmée avec tant d'avantages, que j'oserai bien dire, sans crainte de trop avancer, que cette vénérable chapelle, par l'honneur qu'elle a de posséder cette image de Notre-Dame de Montaigu, a été honorée en peu de temps de plus de miracles qu'aucune autre, qui ait encore paru depuis plusieurs siècles. De sorte que la très-sainte Vierge semble avoir établi en ce lieu le siége de sa bonté et dressé le trône de sa puissance. Elle semble y avoir recueilli toute son autorité et tous les divers miracles qu'elle a produits en divers temps dans les autres églises, dédiées en son nom, et en la présence du reste de ses images, pour les faire tous admirer et paraître

auprès de celle-ci. Ce qui ne donne point d'éloge
particulier à cette chapelle, ainsi qu'aux autres,
parce que comme elle produit ici toute sorte de
merveilles desquelles on tire les éloges, il faudrait
les lui donner toutes.

§ IX.

Mais pour bien résoudre toutes ces vérités et leur
donner un plein jour et une clarté parfaite, rap-
pelant ici à votre mémoire les paroles que Dieu
adressait autrefois à Moïse dans le buisson ardent
en parlant de lui-même : Je veux te montrer en
moi tout le bien concevable à l'esprit humain, *Ostendam tibi omne bonum;* souffrez que je vous
en dise tout autant de la sainte Vierge représentée
en cette vénérable chapelle. Je veux vous montrer
par ce discours que tout bien se trouve en elle;
avec cette différence pourtant, que tout bien est
en Dieu comme en sa source et en cette Vierge
comme au ruisseau. Dieu possède le bien en soi,
de soi, par soi et pour soi-même ; cette Vierge
ne l'a que de Dieu et pour Dieu. Néanmoins qui-
conque, par des respects particuliers et de saintes
affections, honorera cette Vierge dans cette chapelle, y trouvera la source de tous les biens et
un remède à tous les maux. Or, pour échauffer
vos cœurs et animer vos désirs à une si utile dévotion, je souhaite que vous en soyez convaincus

par tous les biens qui ont déjà été trouvés par ceux qui l'ont ici visitée, et par les bontés dont elle a usé envers tous ses serviteurs qui sont venus ici ou de corps ou de cœur.

§ X.

Avant toutefois que de les commencer, sachez que mon dessein n'est pas de vous parler ici des biens qu'elle possède en soi, mais de ceux qu'elle communique aux hommes et qu'elle semble communiquer plus libéralement en ce lieu qu'en tout autre de l'univers. Car vouloir prouver qu'elle possède en soi tous les biens qui peuvent donner la perfection, le repos et le prix à un être créé, ce serait vouloir allumer des flambeaux pour montrer la clarté du soleil ; étant évident qu'elle les possède tous, et dans l'ordre de la nature, et dans l'ordre de la grâce, et dans celui de la gloire.

§ XI.

Dans l'ordre de la nature, la sainte Vierge a surpassé en perfection et en beauté toutes les créatures du monde. Elle seule peut s'appeler, comme l'épouse des cantiques : toute belle, sans défaut et sans tache ; ayant seule possédé toutes les qualités qui peuvent donner l'accomplissement et le prix à une beauté parfaite. En cela nous avons pour témoins toutes les créatures.

Il est vrai qu'il n'est point sorti de créature des mains adorables de Dieu, qui n'ait quelque rayon de sa divine beauté; mais aussi faut-il avouer qu'il n'en est pas une, à l'exclusion de Marie, dont quelque défaut ne ternisse le lustre. Le soleil, dont l'éminente beauté éblouit pour trop éclairer, a ses éclipses; la lune ses taches; les étoiles leurs obscurités et leurs ombres; l'air ses brouillards, ses éclairs et ses foudres; la terre ses épines et la mer ses tempêtes, qui donnent de l'horreur à ceux qui les contemplent. Marie seule n'a point en ses beautés de défaut qui puisse en diminuer l'admiration.

Quant à la beauté des hommes et des femmes, la comparaison seulement en serait odieuse. Proposez-vous toutes les plus belles femmes et tous les plus beaux hommes de la terre; je dis plus, de toutes les beautés des hommes et des femmes du monde formez-en une, comme fit autrefois le fameux Apelles, pour représenter celle qu'il aimait, vos yeux vous y montreront toujours quelque tache qui en ternira l'éclat, et votre raison vous y découvrira des défauts. Cette divine Reine est plus parfaite que tout le reste des humaines beautés réunies ensemble.

Les beautés humaines n'ont que de funestes effets, qui sont de tenter les âmes, ébranler leur pureté et en déraciner la croix et la grâce de Jésus-

Christ par la grâce maligne de leurs charmes et
de leurs appas, et c'est ce qu'on ne peut, sans blas-
phémer, imposer à Marie, qui par la vue de son
innocente beauté faisait naître la chasteté dans les
âmes et mourir l'impureté dans les cœurs. Saint
Thomas dit qu'elle avait une telle vertu par la
grâce de la sanctification, qu'elle retenait la passion de tous ceux qui la regardaient et enfan-
tait en leur âme une crainte respectueuse plutôt qu'un désir déréglé. Son visage, orné des
rayons qui sortaient de ses yeux, faisait naître en
son admiration mille secrets desseins d'adorer la
cause de cette éclatante merveille; servant encore
beaucoup pour captiver les cœurs et les ranger
doucement sous le joug de l'évangile. Concluons
donc que, dans l'ordre de la nature, Marie possède
tous les biens sans mélange de mal; comme étant
en effet le chef-d'œuvre des mains du créateur et
devant être le premier berceau où il devait re-
poser.

§ XII.

Marie n'est pas moins avantagée dans l'ordre de
la grâce, dans lequel elle possède encore tous les
biens sans mélange de mal. Son cœur n'était capa-
ble de mouvement que pour aimer Dieu et le craindre; toutes ses actions étaient pour son créateur.
Sa vie a été comblée de plus de vertus que le ciel

n'a de flambeaux, et remplie de plus de grâce
que tout le reste des esprits bienheureux, comme ayant été unie même avec des liens de chair
et de sang, à la source intarissable des grâces, qui
est Jésus-Christ; au moyen duquel elle a acquis
des alliances saintes et des affinités divines, qui
l'ont comme associée aux trois divines personnes,
autant que la nature créée en pouvait être capa-
ble par la vertu de la grâce, qui n'ayant été com-
muniquée au reste des saints que successivement
et par degrès, à la Vierge seule entre les pures
créatures, elle a été donnée toute, et tout à la
fois, au premier moment de sa conception.

§ XIII.

Enfin dans l'ordre de la gloire Marie n'a plus de
biens à souhaiter, puisqu'elle est abîmée et comme abreuvée dans la source éternelle des biens,
qui est l'essence de Dieu; ni plus de grandeur à
espérer, puisque Dieu seul est au-dessus d'elle.
D'ailleurs les plus glorieux de tous les saints ne
le sont que d'esprit, leurs corps étant encore dans
la corruption et dans l'attente de la gloire; Marie
seule a suivi son Fils dans les cieux et d'esprit
et de corps.

§ XIV.

Or il n'y a pas de doute que la sainte Vierge,
qu'on honore dans cette vénérable chapelle, qui

est la même que celle du ciel et de toutes les autres chapelles de l'univers, ne possède en soi tous les biens qui peuvent donner l'accomplissement et le bonheur parfait à une créature. Je puis donc, en vous la montrant, vous dire comme Dieu à Moïse: *Ostendam tibi omne bonnum*, qu'elle possède en soi toute sorte de bien. Mais mes desseins rampent plus bas ; aussi je ne veux pas m'arrêter aux biens qu'elle possède; mais à ceux que nous pouvons posséder par elle. Pour vous les montrer, je ne m'éloignerai pas de la ville de Bargemon, ni de l'image miraculeuse de cette amoureuse princesse, aux pieds de laquelle je vous ferai voir qu'on y a reçu et qu'on y reçoit à tous moments tous les biens souhaitables en cette vie, à l'esprit humain.

Mais d'abord supposez deux vérités infaillibles dans la morale. L'une est que le seul bien peut être l'objet de nos volontés et de nos désirs, soit-il faux ou réel, apparent ou véritable; et en cela le jugement nous est donné pour en faire la différence. L'autre est que nous ne pouvons espérer ni souhaiter que trois sortes de biens au monde : ceux du corps, de l'esprit et de la fortune. Et si je vous ai prouvé par raisons et par miracles que la sainte Vierge communique largement ces trois biens dans cette vénérable chapelle, ne vous y aurai-je pas montré, comme Dieu à Moïse dans le buissson ardent, toute sorte de biens.

5.

§ XV.

Voyons premièrement les biens du corps sous lesquels on comprend la santé, la liberté, les enfants et la vie. Commençons par la santé, qui est le plus considérable de tous ces biens et le fondement de toutes les félicités de la terre; car sans elle les autres biens de la vie deviennent inutiles, et ne sont que des matières de déplaisir. Or, que cette sainte Vierge ait en ce lieu familièrement donné la santé aux malades atteints de fièvres, de douleurs et autres infirmités ordinaires et fréquentes, qui n'étaient pas encore hors du ressort de la médecine, je pourrais en produire des miracles à centaines ; mais pour ne pas lasser vos esprits et grossir ce volume, je ne vous en citerai que les principaux, et ceux qui ont été faits pour des maladies où les médecins ont été forcés d'avouer leur impuissance, et dont ils ont souvent eux-mêmes signé la vérité.

§ XVI.

En voici le premier, mais signalé en toutes ses circonstances, et dans lequel la Vierge même a paru et parlé à une de ses servantes. Considérez-le comme celui qui, dans la naissance de cette dévotion, a le premier donné à connaître que cette divine Reine voulait être honorée en ce lieu et en présence de cette image.

Dame Elisabeth Amic, native de Brignoles, épouse de sieur Jean Caille, bourgeois et habitant de Bargemon, était atteinte depuis deux ans d'une fièvre étique, accompagnée d'une grande rétraction des nerfs et sujette à des accidents qui, plus fâcheux que le mal caduc, l'affligeaient, l'abattaient et la roulaient par terre cinq ou six fois par jour ; par la violence et la durée de ces maux son corps était devenu sec, exténué, sans couleur, sans humeur et sans force, et comme les dépenses et les remèdes étaient également inutiles, elle n'attendait plus que du ciel ou du tombeau la fin de ses peines, qu'elle obtint comme il s'ensuit.

En l'année mil six cent trente-cinq et le dix-sept du mois de mars, époque à laquelle cette dame ainsi que son mari n'avait point encore entendu parler de cette image de Notre-Dame, qui n'était arrivée à Bargemon que le quatorze de mars, et ne fut exposée au public que le vingt-quatre du même mois, la sainte Vierge lui apparut pendant la nuit et dans le temps de son sommeil, sous l'agréable figure d'une belle pélerine, revêtue d'un premier habillement pauvre et fort usé, au-dessous duquel était une robe de velours vert entourée d'une ceinture de soie de la même couleur. Elle lui montrait un visage riant et brillant, et des cheveux ondés et dorés flottant sur sa divine figure, dont la rare beauté remplissait son âme d'admiration et d'étonnement. Ses yeux, resplendissaient d'une lumière vive et douce, qui conspirait avec les agréables traits de sa figure, pour composer un charme qui forçait toutes les puissances de son âme à l'aimer. Sur sa tête était un petit chapeau, et au-dessus une couronne d'or enrichie de diamants et de perles.

Elle heurta à la porte de la dame Caille qui, s'informant d'où elle venait, apprit que c'était de fort loin et d'un royaume étranger. La dame Caille, priant alors la pélerine de monter dans sa maison, elle lui dit : que d'abord elle voulait aller à l'église rendre l'hommage qu'elle devait à Dieu. Ce qu'elle fit accompagnée de la dame Caille, qui y récita avec elle sa prière, après laquelle elles revinrent toutes deux au logis. Alors la dame convia la pélerine à prendre quelque repos et quelque nourriture ; ce qu'elle refusa lui disant que la fin de sa visite n'était que pour la guérir de ses maux et lui demander une robe, vu que la première, dont elle était couverte, ne valait plus rien. Ayant obtenu promesse de cette robe, la pélerine disparut.

Comme la joie, et surtout la joie des femmes, ne saurait être muette, le matin, sur les six heures, la dame Caille, dont le cœur était encore épanoui par le souvenir des merveilles qu'elle avait vues et du plaisir qu'elle avait éprouvé à la vue d'un si bel objet, entretint son mari, à son réveil, de tout ce qui s'était passé. Comme elle achevait son récit, six confrères de la chapelle des pénitents blancs frappèrent à sa porte, portant cette sainte image de Notre-Dame dans une boîte couverte de taffetas vert, où elle avait été envoyée. Ils venaient la lui montrer et prier son mari, qui était allié au maître de la verrerie, qui est à deux lieues de Bargemon, de leur procurer une châsse de verre pour la loger, en attendant qu'elle se pourvût de quelque plus riche demeure. La dame Caille, qui était encore au lit, roulant dans son esprit les délices et les merveilles de sa vision, ayant entendu cela, s'écria de suite : que cette sainte Vierge était assurément cette belle pèlerine, qui lui était apparue et lui avait parlé pendant la nuit, et dont elle venait d'entretenir son mari. Elle pria celui-ci de partir à l'instant et d'aller lui-même à la verrerie pour avoir cette châsse, et, qui plus est, d'en faire faire une en argent pour l'y loger, ce à quoi elle offrait ses joyaux, ce qui fut fait.

Cette miraculeuse image est maintenant dans cette châsse d'argent avec les armes du sieur Jean Caille, vivant encore. Lui-même m'a raconté et attesté la vérité de cet événement confirmé et rendu public par la guérison de sa dame, qui depuis le susdit jour fut délivrée de tous ses maux, que les médecins m'ont déclaré ne pouvoir finir qu'avec sa vie. Elle reprit ses premières couleurs au grand étonnement de tout le monde, à qui elle le déclarait franchement pour convier chacun à honorer sa bienfaitrice.

Ce miracle, le premier de tous ceux qui ont été faits depuis la possession de cette sainte image, montre évidemment que la mère de Dieu voulait être honorée et servie en cette ville de Bargemon; ce qu'elle a depuis encore confirmé par une infinité d'autres merveilles.

§ XVII.

Parmi ces merveilles, j'admire d'abord les guérisons promptes et inespérées du mal caduc. En l'année mil six cent trente-six, un jeune garçon, âgé de douze ans, nommé Hugues Raybaud, natif de ce lieu de Bargemon et d'une fort honnête famille, fut, durant quatorze mois, affligé de ce mal presque chaque jour; mais à un tel point, qu'après s'être tourmenté et roulé par terre avec des contorsions et des violences extrêmes, il restait comme mort l'espace de deux heures. Après tous les soins et tous les remèdes des hommes, il fut recommandé à la Reine des anges, et conduit par ses parents pendant une neuvaine de messes au-

près de cette image miraculeuse. La fin de la
neuvaine fut celle de ses maux, dont la guérison
paraît encore en sa personne, et paraîtra à jamais
dans nos registres, et dans un tableau votif atta-
ché aux murs de cette vénérable chapelle, en
laquelle ont été encore reçues plusieurs autres
grâces de pareilles nature.

§ XVIII.

Les apoplexies, les paralysies, les fièvres éti-
ques, les hydropisies, les sciatiques, la petite
vérole et la goutte même cèdent à leur tour à la
puissance de cette divine Reine.

En l'année mil six cent trente-neuf, Jacques Ar-
luc, maître chirurgien de la ville de Cannes, voyant
Claude, son fils, âgé de quinze ans, après une fièvre continue de vingt-huit heures, saisi d'une
apoplexie, qui lui ravit tout-à-coup la parole, la
vue, le pouls, le sentiment, l'ouïe et quasi la
vie, pendant dix heures ; désespérant du secours
de son art et de l'aide des médecins, qui le ju-
geaient mort, il fléchit le genou pour invoquer Dieu
par l'intercession de Notre-Dame de Bargemon,
à laquelle il promit de mener son fils, s'il ne per-
dait pas la vie de cette attaque. La fin de sa prière,
qui, en cette extrémité, ne pouvait pas être longue,
fut le commencement de la santé de son fils. L'a-
poplexie et la fièvre le quittèrent sur-le-champ ;

et, recouvrant avec la parole l'usage de tous les sentiments, il revint à sa première et parfaite santé, dont il profita pour venir en ce lieu publier cette faveur et remercier celle à qui il la devait.

Comme il n'était pas seul à recevoir des grâces il ne le fut pas non plus dans ses remercîments. Le même jour un honnête habitant de Daly, près d'Entrevaux, emmena en cette même chapelle sa fille rendre ses vœux et déclarer, qu'après avoir inutilement employé tous les remèdes de la médecine, pour guérir en elle des tumeurs et petites bosses grosses comme des noix, qui depuis trois ans lui venaient au gosier trois ou quatre fois par mois, et qui outre le reste des douleurs, ne lui permettaient pour lors de rien avaler, il l'avait vouée et conduite à Bargemon aux pieds de cette sainte image, où elle en avait été parfaitement guérie.

§ XIX.

Presque à la même époque, une fille du même âge, ayant vu une de ses voisines promptement et miraculeusement guérie de la folie, à la suite d'un voyage fait et d'un vœu rendu à cette miraculeuse Dame de Bargemon, ainsi que vous le verrez ci-après, crut que cette Mère d'amour ne serait pas moins bienfaisante envers elle pour guérir des écrouelles, dont elle était travaillée depuis six ans. Animée de cette croyance, elle fit un pareil vœu, et entreprit le même voyage, dont le succès fut si heureux, qu'à la première messe qu'elle ordonna et qu'elle entendit dans cette vénérable chapelle, toutes les cicatrices de son cou s'ouvrirent et se purgèrent si abondamment en présence de toute l'assemblée, qu'elle en rougissait de honte. A cette honte néanmoins succéda un grand contentement et une entière santé, car ses plaies se refermèrent bientôt et elle s'en retourna chez elle sans douleur et même sans cicatrices, que la bonté de cette Reine effaça si parfaitement, qu'elle n'a jamais eu depuis ni sentiment ni apparence de mal. O divine Reine, que les merveilles de votre bonté sont adorables, je ne me lasserai jamais de les admirer !

§ **XX.**

Changeons de maladie, cher lecteur, et nous admirerons de nouvelles guérisons. En l'année mil six cent quarante, une femme atteinte en quelque partie de son corps d'une paralysie qui, l'ayant saisie jusqu'au gosier, lui avait ravi la parole et l'ouïe, n'eut pas plus tôt invoqué cette sainte Vierge et promis un voyage à cette vénérable chapelle de Bargemon, dont elle avait entendu publier tant de merveilles, qu'elle ressentit à l'instant l'effet de ses prières. Ses membres insensibles et immobiles recouvrèrent le sentiment et la liberté tout à la fois et sa langue le mouvement et la parole. Ses oreilles seulement restèrent sans ouïe, mais non sans mystère; c'était un trophée que cette divine Reine réservait aux pieds de son image, afin qu'on ne pût lui dérober la gloire de tant de merveilles. Cette femme, venant à Bargemon rendre ses devoirs et se dégager de ses promesses, recouvra l'ouïe aux pieds d'un confesseur, après l'avoir demandée aux pieds de la sainte Vierge. Quel excès de bonté! Comment peut-on résister aux douces atteintes de tant de grâces, dont cette Mère d'amour favorise les catholiques en ce saint lieu, où la vérité m'en découvre bien d'autres.

§ XXI.

En même temps Louis Bocavière, habitant du lieu de Châteauneuf de Grasse, voua et emmena ici l'une de ses filles, âgée de douze ans, estropiée et muette depuis six mois, n'ayant d'autre mouvement que celui de la tête, qui était dans un branle continuel, avec des douleurs violentes qui attaquaient toutes les parties de son corps, et dont la cause était inconnue aux plus habiles. Après quelques messes dites pour elle auprès de cette sainte image de la Mère de Dieu, qu'on lui fit humblement baiser, elle eut la liberté de marcher et de parler comme auparavant.

§ XXII

Une pareille liberté fut miraculeusement accordée, pour une maladie différente, à Françoise Digne, native de Bargemon, âgée de soixante-quatre ans, qui, étant hydropique, se trouvait enflée en toutes les parties de son corps jusqu'aux mains, immobile dans son lit depuis quatre mois, munie de tous les sacrements, quasi sans parole et prête à mourir ; en cet état et dans cet âge, où ni l'art ni la nature ne pouvaient plus faire d'effort et où elle n'avait plus rien de libre que les pensées, elle s'imagina que cette sainte Vierge, qui était à ses portes, ne lui serait pas moins favorable qu'aux étrangers. Elle l'invoqua donc et promit d'aller entendre des messes dans cette chapelle, si elle revenait en santé, et d'y porter un tableau votif pour laisser à la postérité un témoignage éternel de cette faveur. A l'instant elle ressentit l'effet de sa prière et de ses promesses, recouvrant le parler, le marcher et le manger, mais avec si peu de ressentiment de sa maladie passée, qu'ayant fait le vœu au coucher du soleil, elle l'accomplit le jour suivant au lever de cet astre, et fut entendre la messe pour rendre grâces en cette chapelle, où son tableau témoigne le miracle.

§ XXIII.

La patronne de ce lieu a encore étendu ses faveurs au-delà même du royaume. Témoin un
honnête bourgeois, habitant de la Corre, dans le
comté de Nice, qui, fatigué d'une sciatique accompagnée d'une grande rétraction de nerfs, et
ayant inutilement roulé tous les bains et essayé
tous les remèdes qui pouvaient lui procurer quelque soulagement, revenant des bains de Digne,
se fit porter à Bargemon aux pieds de cette sainte
image, dont il avait entendu les merveilles et
dont il reçut les effets. Étant entré dans cette miraculeuse chapelle avec toutes ses douleurs, il en
sortit après s'être approché des sacrements de
pénitence et d'eucharistie, avec toutes les douceurs et toute la santé qu'il avait demandées : ce
qu'il a attesté et signé de sa main dans les registres des miracles.

§ XXIV.

Les mêmes registres renferment encore une attestation pareille, faite en l'année mil six cent
trente-neuf, par l'un des receveurs généraux du
prince cardinal de Savoie, qui avait un de ses
enfants, nommé Marc-Antoine, âgé de sept ans,
atteint de la petite vérole et prêt à mourir pour
ne pouvoir la pousser au-dehors; car depuis plus

de dix heures il avait perdu la parole, sans espérance et quasi sans apparence de vie. Lorsque le père, informé des grâces que la sainte Vierge communiquait si abondamment depuis quelques années dans ce lieu de Bargemon, recourut à sa protection et offrit pour son fils des prières et des vœux, qui ouvrirent tout-à-coup les pores de son corps pour chasser ce venin, détachèrent ses paupières, dénouèrent sa langue et le mirent en état de venir bientôt avec son père rendre ses vœux et publier les bienfaits de la sainte Vierge aux pieds de cette image.

§ XXV.

La goutte même veut servir de trophée à cette puissante Reine pour honorer son triomphe, ainsi qu'il parut, moi présent, en l'année mil six cent trente-neuf et le vingt-sept du mois de juin, en la personne d'un pauvre vieillard, âgé de soixante-quatre ans, qui, souffrant de la goutte depuis vingt ans, et ne pouvant quasi depuis sept quitter le lit ou la chambre, si ce n'est avec des béquilles et avec des douleurs qui ne l'abandonnaient jamais, désira être porté en cette miraculeuse chapelle de la Vierge, dont il avait si souvent entendu parler. Il y fut porté et accompagné par son fils et plusieurs autres de ses parents et amis; à la fin de la messe, à laquelle il communia et

6.

baisa l'image miraculeuse de la Bonne-Mère, il marcha sans aide et sans béquilles avec toute la santé possible à un homme de son âge, ayant reçu en un instant de la main libérale de cette Reine, ce qu'il avait inutilement demandé aux hommes l'espace de vingt ans. Vous exprimer la joie de ce bon homme et l'étonnement de ses parents et de toute l'assemblée, qui était pour lors assez nombreuse, vous sera plus aisé de le penser qu'à moi de le dire, quoique je fusse de la partie. Je vous dirai seulement en toute vérité, que jamais l'étonnement n'a eu, sur mes sens et sur mon esprit, un empire pareil à celui qu'il exerça pour lors dans mon âme, à la vue d'une guérison si prodigieuse, si parfaite et si prompte. Je n'avais plus que des yeux pour admirer et des respects pour adorer la cause de ces éclatantes merveilles, dont j'étais l'heureux témoin.

J'ai vu cet homme malade et sur des béquilles avant la messe, et je l'ai embrassé sain et gaillard après la messe. J'ai reçu ses béquilles, maintenant suspendues aux murailles de la chapelle. J'ai en même temps fait entendre par les magistrats et avec serment dix ou douze personnes témoins de sa maladie, qui était publique; et il paraît dans nos registres de la vérité et de l'ancienneté de sa goutte, comme il nous avait paru dans la chapelle de la promptitude de sa guérison,

dont la vérité n'a point d'ombrage et qui n'est pas
la seule.

§ XXVI.

On en a vu une pareille presque en même temps
au lieu de la Garde-Freinet, en la personne d'une
fille, nommée Marguerite Giraud, dont la mère fut
en un moment guérie d'une fièvre continue de trois
mois, et elle-même en même temps d'une fièvre
pareille, et de la goutte tout ensemble, à la première invocation de Notre-Dame de Bargemon.

§ XXVII.

Ne sont-ce pas là des guérisons qui bravent
l'art et la nature? Qu'y a-t-il de plus violent et de
moins curable parmi les hommes que la goutte?
Et toutefois c'est peu pour cette puissante Reine.
Ce ne sont que les premières gouttes de ce grand
déluge de biens et de faveurs, qu'elle veut verser
sur la tête de ses serviteurs, qui lui viendront
offrir leurs prières et leurs vœux dans cette chapelle et aux pieds de cette miraculeuse image,
auprès de laquelle la sainte Vierge, renversant la
nature pour établir la grâce et attirer les fidèles
à son service, a rendu facile l'impossible, redon-
nant la parole aux muets, l'ouïe aux sourds, l'usage
des jambes aux boîteux, la guérison aux estropiés,
la vue aux aveugles, la santé aux mourants et la
vie aux morts.

En effet, en l'année mil six cent trente-huit, Lucrèce Martin, du lieu de Villars, près de Castellane, ayant un enfant, nommé Jean Latil, âgé de neuf ans, muet de naissance, et qui n'avait jamais marché; sur le bruit des miracles qui étaient faits tous les jours par la très-sainte Vierge dans la chapelle de Bargemon, y voua son dit fils, promit d'y aller nu-pieds, d'y faire neuvaine avec lui et d'offrir quelque présent selon sa condition. Il y a apparence que son fils averti par des signes fit les mêmes prières avec un langage de pensées, de souhaits et de soupirs, souvent plus éloquent que celui des paroles. En suite de quoi, étant aux portes de Bargemon, à la vue de cette sainte chapelle, sa langue fut déliée, et par un double miracle de cette Mère d'amour, il commença tout-à-coup à parler fort distinctement et à marcher fort aisément, publiant lui-même la grâce qu'il avait reçue, avec étonnement et attestation juridique de ceux qui l'avaient connu, dont il se trouva pour lors un grand nombre en cette sainte chapelle de Bargemon, à l'occasion d'une procession générale des pénitents blancs de Castellane, qui étaient ici venus rendre leurs vœux avec une assemblée fort nombreuse.

Voici de pareilles guérisons dont la vérité n'est pas moins connue. Un jeune garçon, nommé Pierre Rebuffel, fils d'Alban, natif de Séranon et fermier dans le terroir ds Vacheresse, ayant été muet l'espace de trois ans, sans apparence de parler jamais, fut voué par sa mère Isabeau Ricard, native du lieu de Peiroules, à cette miraculeuse chapelle, à laquelle elle promit de le mener et d'y venir elle-même nu-pieds ; ce qu'elle fit. Comme elle cessa de prier, son fils commença de parler, et sa mère de pleurer, mais des larmes de joie, bénissant cette sainte Reine et promettant de l'honorer et servir jusqu'au tombeau.

En l'année mil six cent trente-neuf, Jean Galoi et sa femme, natifs de Trans et habitant la Motte, avaient un enfant, qui, à cinq ans, ne bégayait pas seulement. L'ayant mené à cette sainte chapelle, comme ils furent en vue des murailles, sa mère, fléchissant le genou au milieu du chemin, commença à pleurer et à prier, demandant humblement à cette Mère d'amour de délier la langue de son fils, qui, au même instant, commença à parler, et voyant un homme qui vendait du pain, pria sa mère de lui en acheter, et depuis continua de parler distinctement, comme s'il eût parlé toute sa vie.

§ XXVIII.

Que les libertins, qui font gloire de douter de toutes choses, ne cherchent pas la raison de ces

dernières merveilles dans la nature ou dans la
jeunesse de l'âge. Je sais bien que la nature déta-
che souvent la langue aux uns plus tôt qu'aux autres; mais aussi je sais qu'elle n'agit jamais que successivement, et ne donne pas tout à la fois la parole distincte: elle fait bégayer avant que de parler.
Ce ne peut être donc qu'un effort de la grâce et
une faveur de Marie, que la nature passe tout -à-
coup d'une extrémité à l'autre, que de muet, on
devienne dans un instant éloquent, et que cela
arrive dans sa sainte chapelle plutôt qu'ailleurs,
et au temps même qu'on le demande. La nature
n'a pas d'oreilles, elle va toujours son train sans
s'émouvoir de nos souhaits ni de nos plaintes; ce
sont des coups du ciel procurés par celle qui en
est la Reine, et qui veut que les langues de ses
serviteurs soient toutes libres pour publier la gloire
de son cher fils, dont elle veut encore que les sourds
puissent entendre les merveilles. Ils n'ont qu'à
venir présenter leurs requêtes et offrir leurs vœux
dans cette vénérable chapelle, dont la patronne
ne fut jamais sourde à la prière de ses serviteurs,
ayant des oreilles et pour les muets et pour les
sourds, et entendant le langage des soupirs et
des pensées aussi parfaitement que celui des paroles, n'ayant pas été moins favorable aux sourds
qu'aux muets, dont les incommodités sont ordi-
nairement inséparables.

§ XXIX.

Les estropiés et les boîteux n'ont pas moins de sujet à se louer des faveurs reçues en ce saint lieu, où, en la compagnie de plus de quinze cents péle-rins, j'ai été témoin de la plus haute et plus sensible merveille que vous lirez jamais. En l'année mil six trente-neuf et le treize du mois de juin, qui était la seconde fête de la Pentecôte, époque à laquelle il y a ici pardon de quarante heures et un concours prodigieux d'étrangers, une femme du lieu de Tourtour estropiée depuis quelque temps du bras gauche, dont la main était repliée en dedans par une grande rétraction des nerfs, vint à Bargemon implorer le secours de la sainte Vierge. J'étais pour lors à la porte de l'église, d'où je vis sans dessein l'impuissance de son bras et la posture de sa main. Elle entra dans la chapelle, où ayant fait sa prière, elle fendit la foule, et s'approcha avec grand respect de la sainte image pour la baiser entre les mains d'un de nos pères, qui la soutenait.

Après cet humble baiser, elle offrit de sa main estropiée une main en cire. Dans le moment de cette offrande, lorsqu'elle lacha cette main en cire, elle ressentit, avec une douleur accompagnée d'un grand cri, comme l'effort violent d'une main étrangère et invisible qui, tirant la sienne et étendant ses nerfs, la remit en son premier état et le bras tout ensemble. Je la vis estropiée à neuf heures et avant dix heures aussi en santé que tout autre de l'assemblée. En ce même jour, comme en toutes les trois fêtes de la Pentecôte, on entendait à tout moment dans la chapelle, qui nuit et jour était pleine de fidèles, des cris d'admiration et de joie, qui éclataient pour la publication de quelque nouveau miracle.

§ XXX.

En la même année, une femme de cinquante ans, de Valbonne près d'Antibes, apprenant que les habitants du pays se disposaient à une procession générale pour aller tous ensemble offrir leurs vœux et leurs prières à la très-sainte Vierge, dans sa chapelle de Bargemon, voulut être de la partie et s'y faire porter pour demander le soulagement de ses maux à celle qui a la clef de tous les biens, car elle ne marchait, depuis six ans, qu'avec l'aide des béquilles, et encore était-ce avec toutes les peines du monde. Elle n'eut pas plus tôt conçu ce pieux dessein et invoqué le secours de la sainte Vierge, qu'elle se trouva sans douleurs, et marcha sur ses jambes avec toute la vitesse et la facilité que son âge pouvait lui permettre.

Une pareille guérison parut, il y a peu de

temps., en la personne d'une jeune fille de Val-
lauris, qui, ayant marché sur ses genoux et sur
ses mains l'espace de onze mois, ne le pouvant
autrement, pria et pressa son père de la mener
à Bargemon en la chapelle de la sainte Vierge.
Elle y fut conduite et exaucée tout ensemble,
après une neuvaine de messes, dont la fin fut celle
de ses maux. Elle marche aujourd'hui aussi droite
et saine qu'elle pouvait l'espérer.

La même grâce fut accordée à une fille de Si-
galle. Elle était si fort incommodée de ses jambes, que depuis quatre mois elle marchait comme
la précédente, sur ses genoux et ses mains tout
ensemble. A l'entrée de cette vénérable chapelle,
elle se remit sur ses pieds, et recouvra tout-à-
coup la santé de son corps et la force de ses jambes. Ce dernier fait arriva le vingt-deuxième jour
du mois d'octobre de l'année mil six cent trente-
huit. Monseigneur l'Evêque de Fréjus était pour
lors à Bargemon en cours de visite ; la sainte
Vierge voulut l'honorer de quelqu'une de ses
merveilles, pour témoigner à ce pieux Prélat
l'agrément du zèle qu'il montrait à l'augmentation de son service en ce lieu, et à la protection
des ouvriers qu'il y avait établis à la très-humble
réquête des habitants.

Comme il n'y a acception de personne dans
l'esprit innocent de cette libérale Princesse, les

7

hommes comme les femmes ont part à ses faveurs; témoin celui qui, ayant eu long-temps une ulcère à la jambe et inutilement employé les remèdes humains, se fit enfin porter en cette chapelle, qui, comme une piscine probatique, guérit tous les maux, au premier mouvement de cœur, que reçoit par nos supplications cette Reine des anges. Étant arrivé sur le soir auprès de cette sainte image, sa plaie se rouvrit et s'enflamma avec des douleurs bien plus violentes qu'à l'ordinaire, comme si elles eussent voulu faire un extraordinaire et dernier effort, afin que la guérison en fut plus évidente et plus merveilleuse. Le matin, à son réveil, il n'eut plus ni sentiment de douleur ni apparence de plaie.

§ XXXI.

Tout cela est bien glorieux, chrétiens, mais il reste encore quelques points bien plus merveilleux et plus dignes de votre admiration. Cette amoureuse Dame veut que ceux mêmes qui n'ont point d'yeux admirent et voient son image dans cette chapelle ; et à cette fin ce bel astre dont Dieu seul est la lumière, et dont les merveilles éblouissent les plus clairvoyants, a éclairé ici les aveugles. Témoin une bonne femme de Figanières, à une lieue de la ville de Draguignan, nommée en langage du pays Autouroune Doibte, âgée d'en-

viron quarante-cinq ans, qui, après un aveuglement de six ans avoué, attesté et connu de
tout le village, où elle ne pouvait faire un seul
pas qu'à l'aide d'un guide, vint ici faire une
neuvaine pour demander la vue ; l'odeur de ses
prières ayant pénétré les cieux comme la fumée
d'une sainte victime, sur le milieu de la neuvaine, et pendant la messe, comme le son de la
clochette avertit ses oreilles de l'élévation de la
sainte hostie, au même instant la Reine des anges
ouvrit ses yeux, et lui fit voir le corps précieux
de son Fils entre les mains du prêtre, et ensuite
tous les autres objets indifféremment. Depuis
elle a toujours joui et elle jouit encore de la vue ;
il ne tiendra qu'à vous, lecteur, de contenter la
vôtre ; comme j'ai voulu contenter la mienne pour
voir hors de ce livre la vérité de ce miracle, qui
est grand ; mais qui n'est pas le seul. En voici
un autre.

En l'année mil six cent trente-neuf et le onzième jour du mois de juin, une dame, âgée
d'environ cinquante-huit ans, avait souffert,
pendant huit ans, une grande incommodité des
yeux, qui ne lui permettait de voir qu'un petit
éclat de lumière sombre et confuse, ne suffisant
pas même à la conduire avec assurance. Au récit de tous ces miracles, qui étaient faits à Bargemon auprès de l'image de la sainte Vierge,

elle invoqua son secours et promit de s'y rendre. Quelque temps après elle partit de sa maison, où elle était ensevelie dans les ténèbres, pour venir voir ce divin soleil, et jouir des rayons de sa douce lumière ; mais parce que son cœur y fut avant son corps, et que ses désirs y arrivèrent plus tôt qu'elle, invoquant à tout moment cette sainte Vierge, cette sainte Vierge lui vint au-devant et la guérit en son chemin. Comme elle approchait de Bargemon, elle s'aperçut tout-à-coup qu'elle avait la faveur et la vue qu'elle allait chercher, et, en arrivant, elle n'eut plus qu'à la publier et à en rendre grâces.

O Mère de grâce, que les merveilles de votre amour sont admirables dans ce lieu ! Je ne me lasserai jamais de les admirer et de les publier, afin que vos bienfaits soient reconnus et admirés de tout le monde.

En l'année mil six cent quarante, la petite vérole ayant gâté les yeux et ravi la vue à une jeune fille de Saint-Benoit, nommée Suzanne Jubeline, son père, qui avait toujours cru que le temps et les remèdes finiraient ce mal, voyant, au bout de deux mois, la chose désespérée, recourut à la sainte Vierge dans cette chapelle, et y mena sa fille, qui recouvra la vue et le marcher tout ensemble.

Dans le même temps, Pierre Bérard, marchand à Bargemon, obtint aussi, dans cette vénérable chapelle, la vue de son fils, dont les yeux étaient fermés depuis sept semaines et gâtés sans remède, au jugement des médecins qui, voyant les merveilles de ces guérisons, sont contraints d'avouer qu'il y a, dans l'esprit de la sainte Vierge, quelque impénétrable secret qui la porte à vouloir qu'on l'honore dans ce lieu, où son amour, qui est sans limites aussi bien que sans exemple, n'est pas satisfait en donnant la santé aux malades, si encore aux mourants et aux morts elle ne donne la vie.

§ XXXII.

Les trépassés même viennent en cette chapelle porter leurs suaires, pendre leurs tableaux et rendre l'hommage qu'ils doivent à cette Mère de vie, qui, participant au pouvoir de son fils, à qui seul appartient de dissiper les droits tyranniques de la mort, a fait des résurrections merveilleuses en suite des promesses et des vœux faits à cette miraculeuse chapelle.

J'ai pour garant de ce que je dis la ville de Fréjus, où, en l'année mil six cent trente-neuf, dans le mois de janvier, une fille nommée Antourone Requier, fille d'Etienne Requier et d'Alaione Audrague, fut atteinte d'une longue et violente maladie qui, l'ayant tenue quelque temps

7.

aux abois, la réduisit enfin à la mort vers les huit heures du soir. Elle fut pendant neuf heures sans pouls, sans souffle, sans chaleur et sans vie ; il ne manquait plus que les prêtres pour la conduire au tombeau. Mais comme de toutes les douleurs qui peuvent tyranniser une âme, ceux qui savent ce que c'est que d'aimer, n'ignorent pas qu'il n'en est pas de plus insupportable que l'absence de la personne aimée. La mère, voyant le corps de sa fille prêt à être emporté et séparé d'elle pour toujours, et regardant en même temps une image de cette sainte Vierge de Bargemon, auprès de son lit, fléchit les genoux, adressa ses vœux à cette sainte chapelle et implora le secours de la sainte Vierge avec ce langage muet des larmes et des soupirs, incomparablement plus éloquent que toutes les plus disertes langues de la nature, la conjurant de ne pas lui enlever sitôt sa fille, puisqu'il était en son pouvoir de lui rendre la vie, et lui promettant de venir l'offrir à son service dans ce saint lieu, et reconnaître cette faveur par tous les devoirs et services qu'il lui serait possible.

La sainte Vierge, entendant parler de cette chapelle et de cette image, où elle semble avoir établi sa plus chère représentation et sa plus agréable demeure, se laissa enfin vaincre et exauça ses vœux. A la pointe du jour, comme le soleil montant sur l'horizon nous rend la lumière que la nuit avait chassée, elle ranima le corps de cette fille, et lui rendit tout à la fois la santé et la vie. que le mal et la mort lui avaient ravies. Cette heureuse mère possède encore sa fille, et sa fille la vie. Pour attester ce que je viens de dire, je ne cite point de témoins ni d'autorité, je vous renvoie même aux parties.

§ XXXIII.

Voici un autre miracle que cette maîtresse souveraine des éléments, des hommes et des anges a produit dans l'eau, ce qui ne mérite pas moins notre admiration, et montre encore plus la puissance de cette Reine, quand on a recours aux autels de cette chapelle.

En mil six cent trente-sept, un jeune garçon, âgé de trois ans, nommé Sauveur Roux, fils d'Honoré, habitant dans la forêt de Jabrons, près Comps, jouant avec des enfants de son âge au bord de la rivière, y tomba dans un endroit où il y avait beaucoup d'eau et s'y noya, en la présence de ses petits compagnons qui, l'ayant longtemps appelé et ne le voyant plus paraître, allèrent avertir sa mère, qui accourut aussitôt avec plusieurs personnes.

On s'informa du lieu de sa chute, et à force de recherches on le trouva enfin, et on le retira mort et suffoqué depuis longtemps. La mère, à cette vue, transportée du plus sensible regret que jamais son cœur eût éprouvé, semblait vouloir noyer sa vie dans l'eau de ses yeux, comme celle de son fils avait été noyée dans celle de la rivière. Mais d'après les conseils de la dame de Ville-Vieille, de son fils et de plusieurs autres personnes, elle laissa les plaintes pour des prières, et voua son fils à la Vierge miraculeuse de Bargemon, avec promesse de le porter dans cette vénérable chapelle. Au milieu de ses prières, son fils revint à la vie. Cette mère, animée d'une espérance égale à sa douleur, soupira avec tant de foi auprès de la Vierge, que la Vierge lui accorda son fils. On le porta dans cette chapelle, où sa mère vint avec lui offrir ses présents et rendre ses vœux. Mais cette mère n'avait à remercier, dans cette circonstance, que de la résurrection du corps, car l'âme immortelle de l'enfant avait vécu dans l'éternité.

§ XXXIV.

Voici une autre mère, qui vient rendre grâces à la fois de la résurrection du corps de son enfant et de son âme, l'enfant étant mort avant le baptême. En l'année mil six cent quarante, le deux février, fête de la Purification de la sainte Vierge, Baptistine Panisse, femme de Jean Martin, de la

Napoule, accoucha d'un enfant mort. L'ayant compris par les larmes des personnes présentes, qu'elle vit tout éplorées, après mille et mille soupirs que l'amour et la douleur lui arrachaient, voyant le corps de son fils sans vie et son âme privée à tout jamais de la vue de Dieu, eut recours aux prières, et connaissant les merveilles continuelles que la Mère de Dieu opérait à Bargemon, en faveur de ceux qui venaient l'honorer en cette miraculeuse image, s'y transporta de cœur et de pensée, et promit à la sainte Vierge d'y aller de corps si son fils obtenait le baptême, se souciant peu de la perte du corps pourvu que l'âme fût sauvée. La sainte Vierge, plus libérale en ses faveurs que nous ne le sommes en nos prières, accorda les deux à la fois. L'enfant revint à la vie, fut baptisé et nommé Augustin. Au bout de trois mois, le père, la mère et l'enfant sont venus ici remercier leur bienfaitrice.

Une grâce semblable fut accordée à l'humble prière d'un habitant de Draguignan, dont la femme accoucha d'un enfant qui fut reconnu mort et inutilement secouru pendant un quart d'heure. On l'abandonna comme tel pour soigner la mère, et après on revint encore à l'enfant. Comme il ne témoignait point de vie, le père, informé des grâces que la sainte Vierge faisait en la chapelle de Bargemon, lui adressa ses vœux, et l'enfant à l'instant parut vivant, reçut le baptême, et fut, après quelques mois, porté par son père à cette chapelle, pour reconnaître la grâce qu'il avait reçue.

§ XXXV.

En l'année mil six cent quarante, Magdeleine Simousse, veuve de Guillaume Panisse de Mouans, après une grande maladie, passa pour morte l'espace de douze heures, sans sentiment, sans pouls et sans marque de vie. Jeanne Négrin qui, en cette maladie, ne l'avait jamais abandonnée, fit vœu et promit pour elle un voyage et quelques messes à Notre-Dame de Bargemon. Après ce vœu, la malade respira et parla, disant qu'elle était fatiguée, revint en santé, et, joyeuse de la promesse qu'on avait faite pour elle, s'empressa de venir l'accomplir en cette chapelle, en compagnie de cette personne.

A la même époque, Jacob Reboul, de Courchon, près de Castellane, vint ici rendre ses vœux et déclara que Pierre Reboul, son fils, étant atteint d'une violente maladie, fut en peu de temps réduit à l'extrémité, et fut même privé de la vie pendant une heure et demie, avec tous les signes qui marquent et assurent la mort. Pendant ce temps, le père ci-dessus nommé et la mère, Anne Camin, plongés dans la douleur la plus profonde, représentèrent à la sainte Vierge de Bargemon l'excès de leurs peines et la prièrent de les secourir dans l'affliction extrême que leur causait cette mort. Cette Mère des affligés, touchée de compassions pour leurs maux, changea leurs larmes en joie et leurs plaintes en actions de grâces, rendant non seulement la vie mais encore la santé à leur fils, qui vint avec eux à Bargemon, baiser les pieds de cette sainte image et reconnaître le bienfait en nous le publiant.

Ainsi le fit encore un habitant des Arcs, nommé Barthelemy Portanier, pour une pareille grâce accordée le cinq juillet mil six cent quarante, à Jacques, son fils, qui était tombé sous les roues du carrosse de Madame la Marquise de Trans. Il perdit le pouls, le mouvement et la vie pendant l'espace de deux heures, et, après l'inutile essai de tous les remèdes humains, un vœu fait à cette divine Reine lui rendit la parole et la vie. Tant il est vrai, chrétiens, que cette Princesse du ciel et de la terre semble avoir établi le trône de sa puissance et le siége de sa bonté dans cette chapelle de Bargemon, puisqu'elle veut qu'ici la mort même lui vienne faire hommage.

§ XXXVI.

Après la mort, les mers, les vents, les orages, les feux, les mousquets, les canons, les poisons, les armes et les armées se trouvent sans effet, et ont souvent cédé à la première promesse que les chrétiens ont faite de venir honorer la Vierge en ce lieu.

Quant aux mers, les vœux adressés en cette chapelle ont si souvent apaisé les vents et calmé les orages, qu'on y voit tous les jours des marchands et des matelots rendre grâces du naufrage évité. Je ne vous en nommerai pourtant qu'un seul, parmi tant d'autres, qui ont rempli et signé nos registres.

En l'année mil six cent trente-neuf, le sieur Melchior Maillet, bourgeois de Saint-Tropez, et avec lui deux autres marchands et plusieurs matelots, faisant voile vers Toulon, furent assaillis d'une si horrible tempête, qu'ils croyaient à tout moment voir leurs biens et leurs vies ensevelis dans un cruel naufrage. Il semblait que les vents fussent tous déchaînés pour concourir à leur ruine, et que les ondes de la mer, grondantes et soulevées comme des montagnes, voulussent les porter jusque dans les nues pour les précipiter de plus haut. De quelque côté qu'ils tournassent les yeux, la mort la plus affreuse leur paraissait inévitable, lorsqu'il leur vint en la pensée que la sainte Vierge, honorée dans l'image qu'on visitait depuis peu à Bargemon, était si favorable à ceux qui l'invoquaient, qu'elle serait peut-être touchée de compassion à

la vue de leur misère. Animés de cet espoir, ils
fléchirent le genou et l'invoquèrent avec promesse
de la visiter. Dès que leur prière fut achevée,
la mer reprit le calme et les vents se transfor-
mèrent en agréable zéphir. En peu d'heures,
ils arrivèrent heureusement au port et vinrent
ici quelque temps après s'acquitter de leurs vœux
et attester le miracle.

§ XXXVII.

En mil six cent trente-neuf et le premier septembre, en ce mémorable combat livré en vue
de Gênes par les galères de France contre celles
d'Espagne, où nos Français, quoique inégaux en
nombre, firent de si glorieuses actions contre leur
ennemi, qu'ils retournèrent au port empourprés de
leur sang et enrichis de leurs dépouilles, un soldat
de la ville de Grasse, nommé Jean Démotian,
fit, au moment du combat, sa prière à la sainte
Vierge, et portant ses pensées vers la miraculeuse image de Bargemon, y promit un voyage
et quelques messes, si dans cette rencontre, où
il était résolu de servir généreusement son prince,
il échappait à l'esclavage et à la mort. Sa prière
lui réussit si heureusement, que son seul manteau, dont il avait enveloppé son bras gauche, lui
servit de bouclier, mais d'un bouclier si fort
par la grâce qu'il avait reçue de la sainte Vierge,

que plusieurs balles qui le traverserent, et plusieurs grenades qui le brûlèrent, s'arrêtèrent dans ses plis, et n'osèrent jamais toucher à la personne qui s'était mise sous la protection de cette miraculeuse Dame. Quoique tous ses compagnons, qui n'étaient dans cette galère qu'au nombre de soixante, ayant à combattre contre cinq cents ennemis, mourussent à ses pieds, à la réserve de quinze dont la plupart furent blessés, celui-ci, avec l'aide de ce seul manteau qu'il opposait aux coups, et dont il reconnut la force, défiait aussi bravement les mousquets et toutes ces effroyables images de la mort, que s'il eût été immortel. Au retour du combat, il vint en mettre la gloire aux pieds de la sainte Vierge dans sa chapelle de Bargemon, où son manteau percé et brûlé en divers endroits sert de tableau votif de cette merveille.

§ XXXVIII.

Enfin quelques obstacles qu'on puisse rencontrer, tout cède aux efforts de Marie invoquée dans cette chapelle, dont le registre est plein de guérisons miraculeuses de ceux qui avaient été percés et blessés à mort par des couteaux et par des épées. Voire même ceux qui avaient été empoisonnés ; témoin un jeune garçon de quinze ans, de Trans, qui étant devenu frénétique, enflé

et prêt à rendre l'âme pour avoir mangé de su-
blimé, sans qu'on le sût, le vomit sans remède
et fut guéri, dès qu'on l'eut voué à cette chapelle
miraculeuse de la sainte Vierge de Bargemon,
où il fut mené.

§ XXXIX.

Si je voulais ici nommer tous ceux qui, par le
secours de cette Princesse, ont évité l'esclavage
ou qui ont recouvré la liberté et échappé aux
mains des pirates et des Turcs, ce serait vouloir
écrire sans fin. Les chaînes brisées et les fers
rompus, que vous pouvez voir aux murailles de
cette chapelle, vous le diront mieux que ma
plume, qui vous a déjà montré que des quatre
biens du corps, que je vous ai proposés, il y en
a trois qui se trouvent abondamment dans cette
chapelle aux pieds de cette miraculeuse image
de la sainte Vierge ; savoir : la vie, la santé et
la liberté. Je vous les aurais montrés tous les
quatre, si je vous fais paraître encore cette
Reine libérale pour la production ou la consér-
vation des enfants, qui étant hors de vous-même,
ne doivent tenir que le quatrième rang entre les
biens du corps, et desquels vous en avez déjà
vu renaître de mourants et de morts, à qui cette
Mère d'amour a redonné ou conservé la vie ; et

tous les jours encore elle donne aux mères, qui adressent leurs vœux à ce saint temple, la facilité pour les enfanter.

§ XL.

Témoin une femme d'Antibes, qui depuis quatre jours souffrait les douleurs de l'enfantement et était en danger de perdre la vie avant d'avoir mis au jour son enfant, puisqu'elle avait déjà perdu le sentiment. Son mari, averti des merveilles que la sainte Vierge opérait au lieu de Bargemon, fit pour elle un vœu, et promit voyage, messes et présents. Aussitôt après cette promesse, sa femme fut délivrée heureusement par le secours de Marie.

En la même année, le fils de Françoise Tournel, femme d'Honoré Megi, habitant de la ville de Fréjus, perdit le téter quinze jours après sa naissance, et peu après la mère perdit le lait. L'enfant et la mère étaient depuis trois jours dans cet état, et le petit enfant aux abois de ne recevoir aucune nourriture; mais dès que le père eut adressé ses vœux à cette vénérable chapelle de la Vierge, le fils fut en état de prendre le lait, et la mère de lui en donner.

§ XLI.

Que peut-on encore souhaiter après cela? Que peut-on espérer de la Vierge pour l'intérêt du corps, que ces quatre sortes de biens : la liberté, la santé, les enfants et la vie. C'est en quoi cette Mère d'amour a été si libérale en ce lieu, que l'huile même de six lampes, qui brûlent ici devant ses autels pour l'honorer en son image, étant portée par les fidèles aux lieux écartés, où les médecins et les remèdes manquaient, a des guérisons sans nombre par des onctions faites sur les parties souffrantes.

J'ai vu que dans les grandes affluences toute l'huile des lampes, qu'il fallait remplir à toute heure, ne pouvait suffire à la dévotion des personnes, qui, dans leur vive foi, voulaient encore porter de l'eau, qui fût tant soit peu touchée par les pieds de cette sainte image, et dont le breuvage a souvent chassé les fièvres les plus malignes et les maladies les plus anciennes. Ces bonnes gens ont même avoué que, dans leur simplicité, ils avaient mêlé de cette eau dans le breuvage de leurs troupeaux et autres bêtes de service, surtout en l'année mil six cent trente-neuf, à cause d'une maladie contagieuse et mortelle, qui les tuait presque tous. Les bêtes qui buvaient de cette eau étaient en santé, tout le reste languissait et mourait.

On a remarqué aussi et on remarque encore tous les jours, que les agneaux, les brebis et les chevreaux, que souvent on vient offrir aux

8.

pieds de cette sainte image, étant remis dans divers troupeaux pour les entretenir quelque temps, les conservent en santé par leur présence, les délivrent par leur compagnie des maladies courantes et leur |procurent des bénédictions et multiplications extraordinaires. Ce qui a souvent porté de bons ménagers de montagne à venir offrir à la sainte Vierge des bêtes à cornes, et nous prier, après les avoir données, de les remettre dans leurs troupeaux pour les nourrir, avec promesse d'en conserver pour l'intérêt de cette vénérable chapelle, le fruit, le lait et la laine. Si bien que toutes les créatures animées et inanimées, raisonnables et sans raison sont, à celui qui voudra bien les considérer, comme autant de voix et de flambeaux, qui m'aident à vous montrer que tous les biens du corps se trouvent et se donnent par la main libérale de la Vierge aux pieds de cette sainte image, et dans cette vénérable chapelle de Bargemon.

§ XLII.

Les biens de l'âme ne s'y communiquent pas moins quoiqu'ils ne paraissent pas à tout le monde. Ces biens sont ou naturels ou surnaturels. Les naturels sont la solidité du jugement et le contentement de l'esprit ; les surnaturels sont les grâces., les vertus, les inspirations et les conversions. Tout cela se puise à cet inépuisable trésor.

Je commence par le bon jugement, sans lequel le corps de l'homme est une maison sans maître et un navire sans gouvernail, et son âme une lame sans tranchant, une épée sans pointe et un feu sans flamme ; en un mot, sans lequel les actions de l'homme n'ont quasi rien au-dessus de celles des bêtes.

§ XLIII.

Et de ce jugement, cette Reine adorable des beaux esprits en a ici fait présent à des fous, et même à de vieux fous, qui, ayant été conduits à cette chapelle, après y avoir fait paraître leurs extravagances dans le commencement des neuvaines qu'on faisait pour eux, y ont à la fin fait paraître leur sagesse, et même avertis des dommages que, dans le temps de leur folie, ils avaient causés à des habitants du lieu, les ont réparés avant leur départ avec argent et paroles. La nature du mal, qui passe pour infâme, m'empêche de nommer les individus, c'est assez qu'ils soient inscrits dans nos registres et connus dans les villes, où on les a autrefois raillés de leur folie et où maintenant on admire leur sagesse.

J'en ai vu un entre autres guéri de la folie et de l'aveuglement tout à la fois. J'ai appris de plus qu'une pauvre fille, nommée Jeanne Hugonesse, fut saisie d'un grand mal de tête, auquel quelque temps après succéda une si étrange folie, qu'après l'essai de médicaments inutilement employés à sa guérison, il fallut l'attacher et l'enfermer. Sa mère, affligée d'un si funeste événement, la voua à la mère de Jésus, et la mena à Bargemon, où sa folie disparut le troisième jour de sa neuvaine, et jamais ne reparut plus. Il paraît, par ce que je viens de dire, que la solidité du jugement est un des fruits que la sainte Vierge produit dans cette chapelle.

§ XLIV.

C'est en vain que je vous prouverais que le contentement d'esprit en est un autre, et qu'elle y guérit non-seulement les maladies du corps, mais encore les afflictions, qui sont les maladies de l'âme. Car ce que la fièvre est au corps, l'éclipse au soleil, l'orage à l'air, la tempête à la mer et la gelée aux plantes, cela même est l'affliction à l'esprit. Or, que la Vierge ait souvent consolé les affligés en ce lieu, c'est la voix et l'aveu de tous ceux qui y sont venus, et qui tous unanimement ont publié et publient sans cesse qu'on ne saurait entrer dans cette chapelle sans éprouver, dès le premier pas, je ne sais quelle influence céleste, qui produit en nos âmes des-

respects, des consolations et des douceurs, dont les charmes nous font souhaiter de n'en pas sortir. En effet, on est souvent contraint d'user de force et d'employer l'autorité des officiers publics pour mettre dehors ceux qui y ont trop longuement demeuré, et faire place à ceux qui attendent à la porte.

Quelque affliction, quelque désespoir qu'on porte en ce lieu, il ne faut que les mettre aux pieds de cette Vierge. C'est un soleil céleste, qui dissipe tous les brouillards; et si tous ceux qui ont eu l'expérience de cette sorte de faveur eussent fait écrire ce qu'ils en ont ressenti, ou si nous avions les yeux assez perçants pour découvrir ce qui se passe sur ce point dans les âmes de ceux qui l'invoquent, il faudrait ici des volumes.

§ XLV.

Quant aux grâces que la sainte Vierge donne en ce lieu, ce sont des secrets de ceux qui les ont reçues ou des confesseurs qui les ont sues, et il ne m'est pas permis d'en dire tout ce que j'en sais. Je vous dirai seulement, en général, que si les hommes avaient les yeux de l'âme aussi clairvoyants que ceux du corps, ou si les grâces intérieures étaient aussi visibles que les faveurs extérieures, je vous en dirais sans comparaison bien davantage, que je vous en dis des grâces corporelles. Car comme la très-sainte Vierge estime bien plus l'âme que le corps, aussi fait-elle bien plutôt des miracles en sa faveur; et même pour l'ordinaire les bienfaits corporels ne sont que des amorces pour nous attirer et nous faire souhaiter ses grâces pour le bien de nos âmes. Il en est de même pour les vertus, et s'il m'était permis de donner ici le nom et le nombre de ceux qu'on sait avoir obtenu l'humilité, la chasteté, la charité, la patience et autres qualités qu'ils avaient demandées aux pieds de la sainte Vierge, la liste n'en serait pas petite.

§ XLVI.

Pour la conversion des pécheurs et des hérétiques, il est certain que de tous les miracles que la sainte Vierge a produits en ce lieu, c'est là le plus fréquent et le plus prodigieux. On a vu souvent, en un même jour, les huit cents et les mille étrangers aux pieds des confesseurs avec des sentiments et une dévotion qui ne pouvaient venir que d'une faveur extraordinaire de cette Reine des cœurs. Souvent les plus obstinés n'ont pu se défendre des mouvements intérieurs qu'a produits dans leur âme la seule réputation de cette image, aux pieds de laquelle ils sont venus briser les fers de leur captivité et rompre les chaînes de leur esclavage. C'est en ce point où cette aimable Mère fait gloire de montrer l'excès de ses bontés, guérissant le péché, qui est le comble de nos misères. Que le pécheur ne s'effraie donc point de la qualité, ni de la quantité de ses crimes. Qu'il ne dise pas, comme l'infortuné Caïn, que Dieu l'a abandonné, chassé de sa présence et rendu la proie de ses ennemis, puisqu'il lui a donné ici une chapelle, un asile, une cité de refuge, une Mère d'amour, qui a toujours le cœur et les bras ouverts pour recevoir et sauver celui qui a sincèrement recours à elle.

§ XLVII.

Et de cela voici un exemple qui mérite nos admirations et quasi nos larmes, et qui vous apprendra tout ensemble l'obéissance qu'on doit à l'église et la confiance qu'il faut avoir à la mère de Dieu dans les lieux qu'elle a choisis pour y être honorée.

Un pécheur, ayant encouru la sentence d'excommunication pour n'avoir pas rendu les témoignages qu'on désirait de lui, et que son pasteur avait publiquement demandés et commandés, avec menace de cette épouvantable malédiction, ne pouvait plus entrer dans aucune église, et, l'ayant essayé plusieurs fois, se sentait repoussé, lorsqu'il était à la porte, par une force invisible à laquelle il ne pouvait résister. Ne sachant à qui recourir dans cette extrême confusion, sur le bruit des miracles de la sainte Vierge il vint en cette chapelle pour en implorer le secours, et lui dit en son âme et pendant son chemin, avant que d'approcher de la porte : ne permettez pas, ô douce Vierge, que l'entrée du salut me soit refusée avec celle de cette auguste maison, et si vous daignez être ma caution en cette occasion, je vous jure, devant tout ce qu'il y a de saint au ciel et sur la terre, que dès à présent je dis un éternel adieu à tout ce qui pourra déplaire à votre divin fils. Cette prière faite, il entra sans difficulté dans la chapelle, où ayant reconnu avec larmes la grâce qu'il recevait de cette Mère d'amour, il se jeta aux pieds d'un confesseur, fit tout ce à quoi il était obligé en cette rencontre, et ainsi fut libre pour entrer dans les autres églises, celle-ci seule ayant été son asile et son refuge.

§ XLVIII.

Elle l'a été aussi à des hérétiques. Car, comme ce divin soleil fait ressentir sa chaleur et sa flamme à tout le monde, quelques calvinistes y étant venus ou pour complaire à des amis, qui les y conduisaient à dessein de les convaincre

par la vue de quelques merveilles , qu'ils savaient
y être si familières , ou par curiosité sur le bruit
de tant de miracles qu'ils ne pouvaient croire ,
y ont détesté leurs erreurs , ont senti tout-à-
coup les puissances de leurs âmes, disposées à
recevoir les lumières de la foi , s'en sont retour-
nés catholiques , et après avoir admiré les merveilles de la Vierge en ont , avant leur départ ,
adoré les grandeurs. Tandis qu'ils voyaient les
guérisons qui se faisaient sur le corps des autres ,
la sainte Vierge opérait intérieurement en leur
cœur , et leur apprenait la vérité de nos croyan-
ces par la raison évidente de ses miracles exté-
rieurs, qui sont comme les sceaux de la bonne
doctrine et les plus sensibles motifs que le Sauveur ait laissés à son église , pour attirer les hommes aux mystères de la foi, que la sainte Vierge
a toujours eu soin d'étendre , pour augmenter
les bornes de l'empire de Jésus, son divin fils.

§ XLIX.

Je veux croire que si maintenant elle opère
beaucoup plus de miracles qu'aux siècles précédents, c'est que la foi chrétienne est aujourd'hui
plus languissante qu'elle ne fut jamais, et qu'en
ce malheureux siècle, où les vices ébauchés
dans les précédents, ont comme atteint le funeste
point de leur perfection le libertinage naissant

9

semble succéder à l'hérésie mourante, et c'est pour contrepointer ce malheur, que la Vierge maintenant redouble ses miracles. En effet, depuis six ou sept ans, la fréquence et l'évidence de ses miracles ont signalé, seulement en Provence ou à ses confins, cinq ou six de ses chapelles : témoin celle de Notre-Dame d'Espérance dans la ville d'Aix, celle de Notre-Dame de Beauregard à Orgon, celle de Notre-Dame des Douleurs à Avignon, et celle de Notre-Dame de Rochefort, et aujourd'hui celle de Notre-Dame de Montaigu, en cette ville de Bargemon, où elle semble avoir dressé le trône de ses grâces, les communiquant plus abondamment qu'ailleurs quoiqu'elle soit partout également puissante ; et tout cela à dessein de confirmer la foi et rétablir le service de son cher Fils.

Dans la naissance de l'église, et lorsqu'on jetait les premières semences de la foi catholique, les effets surnaturels étaient quasi aussi familiers que les naturels. Les prédicateurs de l'évangile avaient les miracles comme des lettres de mission, parce qu'il fallait alors établir et confirmer la vérité de nos mystères ; et la vue de ces prodiges, ravissant les yeux, touchait les cœurs, et donnait le désir de savoir en quoi consistait cette doctrine, qui se distillait insensiblement dans les âmes, jusqu'à les purger de l'impiété.

Mais depuis que l'étendard de la croix fut arboré presque en tous les endroits du monde, Dieu ne rendit plus les miracles familiers, non que son bras fût raccourci ; mais parce que la nécessité n'y était plus ; comme les oiseaux ne pourvoient plus leurs petits de nourriture quand l'âge leur a donné des ailes et des forces pour la chercher. Aussi crois-je que, pour la même raison, la Mère de mon Sauveur, quoiqu'elle ait été également bonne et miraculeuse en tout temps, produit néammoins maintenant plus de miracles qu'à l'ordinaire, parce que les âmes paraissent plus rebelles à la loi de son Fils, qu'elles ne le furent jamais ; que sa doctrine obtient à peine non-seulement nos obéissances, mais même nos approbations ; et que les plus libertins, qui vivent comme neutres en fait de religion et font gloire de douter de la vérité ou de l'autorité de Dieu, passent aujourd'hui pour les esprits les plus forts et les plus sages, quoiqu'ils soient en effet les plus fous. Cette admirable Mère, pour maintenir la foi de son Fils et entretenir nos âmes dans la croyance de ses mystères, se montre plus miraculeuse qu'elle n'avait paru depuis longtemps ; car il n'est pas de plus forte éloquence au monde que celle des miracles, pour assujettir les cœurs, et il faudrait que les hommes eussent la raison extrêmement débauchée,

s'ils ne croyaient à une vérité dont ils sont témoins oculaires et n'obéissaient à une vertu sur-
céleste et impérieuse, qui assujettit la nature.
De tout cela, il nous est aisé de conclure qu'on
ne trouve pas moins aux pieds de la sainte Vierge
et dans cette chapelle miraculeuse, les guérisons et les biens de l'âme, que les guérisons et
les biens du corps.

§ L.

Pour dégager tout-à-fait ma parole et accomplir ma promesse, qui est de vous montrer auprès
de cette sainte image toute sorte de biens,
Ostendam tibi omne bonnum; je veux vous
prouver encore ceux de la fortune. Cette chapelle est remplie des tableaux, des navires et des
câbles de ceux qui, voyant leur bien et leur vie
tout ensemble au milieu des mers, à la vue des
pirates et à la merci des tempêtes, sans espoir
d'autre secours que ceux du ciel, ont conservé
le tout en invoquant cette divine Reine et faisant
des vœux à cette chapelle où les procès, qui
sont la ruine des meilleures familles, ont été
souvent terminés.

Il y a quelque temps deux hommes de haute
condition, plaidant ensemble depuis longues années, sans avoir jamais pu trouver un chemin
qui les aidât à sortir du labyrinthe dans lequel

ils étaient engagés, partirent pour Grenoble, avec dessein de consommer tout ce qu'ils avaient au monde, pour se ruiner l'un ou l'autre d'honneur et de bien. Leur chemin était par Bargemon, où ils firent l'une de leurs couchées. Ils n'eurent pas plus tôt fléchi le genou dans cette chapelle, qu'ils furent dans le dessein de terminer leurs affaires à l'amiable et de s'en retourner chez eux. Comme la sainte Vierge ne fait rien à demi, l'effet succéda à leur dessein par l'entremise d'un religieux, qui trouva que cette Vierge débonnaire avait mis de si puissantes dispositions dans le cœur de l'un et de l'autre, qu'en peu d'heures il eut terminé ce que les années et les diverses sollicitations des amis n'avaient pu faire. Ces deux hommes s'en retournèrent ensemble dans leur pays, au joyeux étonnement de tout le peuple, qui savait leur animosité et qui, dans la suite de ce procès, avait prédit et prévu, avec assurance, la perte totale de leurs biens et la ruine inévitable de leurs familles. Tant il est vrai que cette Reine des cœurs ne se rend pas moins soigneuse en ce lieu des biens de la fortune, qu'elle ne l'a été de ceux de l'esprit et du corps.

§ LI.

La sainte Vierge semble avoir fait de cette

9.

chapelle le temple le plus spécial de sa bonté, puisqu'elle s'y montre si féconde en ses merveilles et si libérale en ses dons.

On est étonné de voir, dans la nature, qu'une même pluie s'accommode si bien à toutes les dispositions de la terre, qu'elle se convertit en toutes choses. En un endroit, elle se change en fruits, en l'autre en feuilles ; ici en bois et là en métal; ici en raisin et là en citron. Dans un même parterre, elle se fait tulipe dans une plante, lis ou rose dans une autre : il semble, en un mot, qu'elle ait du sentiment, tant elle vient à propos à chaque pièce de la nature. N'est-ce pas là un sujet de grande admiration ? Toutefois ce discours vous en a représenté un qui le surpasse dans cette vénérable chapelle, où vous venez de lire que la Mère de Dieu s'est logée comme une nue féconde de grâces, qui se change tous les jours en célestes douceurs. Il ne faut qu'y opposer le rayon de notre amour et de nos prières pour lui faire répandre de toutes parts les eaux désirées des faveurs de son divin époux. Dans la même chapelle, en l'un elle arrose le corps de ses biens, en l'autre l'esprit, et en l'autre elle accroît ou conserve les biens de la fortune. Elle guérit aux uns les fièvres, aux autres la goutte; aux uns elle donne l'ouïe, la vue ou la vie; aux autres la liberté, la consolation, la sagesse

et la grâce ; aux pécheurs endurcis elle touche
les cœurs pour les porter à la pénitence, et en
ce même lieu elle épanouit l'âme des justes pour
les faire avancer en vertu à l'aide de ses faveurs.
Elle préserve l'un de quelque mauvaise rencontre, et à l'autre elle fait naître quelque occasion
de plaire à Dieu. En un mot elle travaille de
mille différentes manières, acheminant les âmes
à leur fin, qui est le salut éternel, et il n'est
point de faveur qu'on ne puisse et qu'on ne doive
espérer d'elle.

Autrefois, parmi les payens, la lune était invoquée en toute rencontre et par toutes sortes
de gens. Les chasseurs l'invoquaient sous le nom
de Diane, les poètes sous celui d'Hymnia, les
sages sous celui d'Aristobula, les vierges sous
celui de Parthénie, les femmes enceintes sous
celui de Lucinia, etc. Comme ces gens nous cachaient et présageaient souvent sous leurs rêveries mille belles vérités, je prends cela pour un
crayon imparfait et confus des grandeurs de la
sainte Vierge, sous les pieds de laquelle la lune
se cache comme n'osant paraître devant son auguste face, et qui peut être utilement invoqué
de tout le monde : des malades et de ceux qui se
portent bien, des hommes et des femmes, des
princes et des peuples, des laboureurs et des
rois, par les sages et pour les fous, par les vivants

et pour les morts ; elle a de quoi les secourir tous. Quoique cette vérité soit aussi ancienne que la Vierge même, et qu'il y ait plus à douter de la clarté du soleil que de la bonté de cette divine lune, toujours pleine de perfections et de grâces, néanmoins l'expérience en est toute fraîche en ce saint lieu, où elle a été et peut être invoquée de tous, et sous tous les titres que l'église lui donne en tous les lieux du monde ; et par cela même n'a-t-elle point de titre particulier dans cette sainte chapelle, parce qu'elle les y possède tous.

On donne à toutes les autres chapelles des éloges particuliers tirés de quelque effet que plus particulièrement et plus souvent la sainte y produit. Il y a Notre-Dame-d'Espérance, Notre-Dame-de-Bon-Secours, Notre-Dame-de-Vie, de Bon-Voyage, de Consolation, de Miséricorde, de Santé, des Dons, des Grâces, des Victoires et des Peuples ; mais cette vénérable chapelle n'a point d'éloges ni de titres tirés de quelque effet particulier, parce que comme en elle la sainte Vierge les produit abondamment tous (ainsi que vous avez déjà vu), il n'y aurait pas lieu de préférer l'un à l'autre : elle ne prend nom que de la matière dont est faite l'image, mais non pas des merveilles particulières qu'elle y opère. Elle n'est pas seulement ici Notre-Dame-de-Santé, de Consolation, de Vie, de Bon-Voyage, des Dons, des Grâces, d'Espérance, des Victoires et des Peuples, elle est cela tout à la fois, puisque, comme Notre-Dame-de-Santé, elle a guéri les malades ; comme Notre-Dame-de-Consolation, elle a soulagé les affligés ; comme Mère de vie, elle a ressuscité les morts ; comme Notre-Dame-de-Bon-Voyage, elle a arrêté les orages et calmé les mers ; comme Notre-Dame-des-Victoires, elle a rendu les armes et les armées inutiles ; comme Dame d'Espérance et de Miséricorde, elle a attiré les pécheurs et converti les hérétiques. En un mot, ici comme Notre-Dame-des-Dons, des Grâces, de Secours et des Peuples, elle accorde largement ses faveurs et son aide à tout le monde : *Non est qui se abscondat a colore ejus.*

§ LII.

C'est ici une nouvelle différence que la sainte Vierge a avec le reste des saints. Ceux-ci ont non-seulement leurs lieux limités, mais encore leurs ressorts et les affaires qu'ils traitent. On ne recourt à saint Sébastien ou à saint Roch que pour la peste ; à saint Michel que pour la guerre ; à saint Nicolas que pour le naufrage ; à saint Laurent et à saint Antoine que pour arrêter le feu et les flammes, et ainsi des autres ; mais à la sainte Vierge, nous pouvons recourir et elle peut nous secourir en tous nos maux.

Les saints ne sont que les avocats particuliers de quelques villes ou de quelques royaumes ; mais la sainte Vierge est l'avocate générale de tous les peuples de la terre. Les saints même, plaidant en notre faveur pour émouvoir plus aisément le cœur de Jésus-Christ, implorent l'aide de Marie comme étant avocate générale. La différence de l'intercession des saints à celle de la sainte Vierge, est la même que celle de la prière des serviteurs à celle des mères. Encore faut-il, quand ils ont obtenu quelque grâce, qu'elle passe par Marie, qui est le canal du ciel. Rien ne peut couler dans le corps mystique de l'église, ni dans nous qui sommes ses membres, qui n'ait passé par ce canal ; et de cela ne vous étonnez pas, car si les plus grands astres répandent plus de lumière, si les mers les plus profondes nourrissent les plus grands poissons, si les plus grands feux communiquent plus de chaleur, enfin si les mérites de l'action se mesurent à la puissance de leur cause, ce n'est pas merveille que la sainte Vierge soit plus haute en crédit et plus puissante en secours que le reste des saints, qui ne sont auprès d'elle que de petits astres en comparaison du soleil, de petits ruisseaux à côté de l'Océan et des bluettes auprès des flambeaux. Ne vous étonnez pas aussi de tant de miracles faits en cette chapelle, et dont je ne vous ai pas dit la moindre partie, puisque celle qui les fait est toute miraculeuse ; mais seulement, en votre admiration, adorez sa bonté, publiez sa puissance et avouez, qu'avec fondement, je vous avais promis de vous montrer dans cette chapelle, comme Dieu à Moïse, dans le buisson ardent, tous les biens souhaitables à l'homme, puisqu'en effet ils y ont été trouvés et reçus de la main obligeante et libérale de la sainte Vierge.

§ LIII.

Il reste maintenant à tirer quelques avantages de tous ces bienfaits, de peur que je ne vous les aie inutilement représentés dans le tableau de ce discours, et que je n'aie perdu le temps en vous les disant, et vous en les lisant. Or les avantages que je vous souhaite, sont que vous puissiez au besoin en obtenir de pareils en cette chapelle et en tout autre lieu où la nécessité vous pressera de recourir à Marie, et que vous ne lui demandiez jamais inutilement. C'est à quoi je veux vous aider par deux belles leçons, dont la première vous enseignera comment il faut reconnaître les bienfaits reçus pour en mériter la continuation, et la seconde comment il faut lui demander ceux qu'on en désire pour ne pas se retirer les mains vides. Dans ces deux leçons vous trouverez plusieurs beaux préceptes, dont la pratique ne vous sera pas moins aisée qu'utile.

§ LIV.

Apprenez donc, chrétiens, que pour obtenir de la sainte Vierge les nouvelles faveurs que nous désirons, il faut reconnaître les faveurs passées, les générales et les privées, les secrètes et les publiques. Étant assuré, dit saint Bernard, que Dieu ne communique point de grâce, même particulière, qu'elle ne procure, qu'elle n'obtienne et qui ne passe par celle que je vous ai dit être le canal du ciel et du Saint-Esprit. Et d'ailleurs combien de fois pensez-vous que Dieu, ayant étendu le bras pour nous châtier en nos corps, en nos moyens, ou en ceux qui nous touchent et que nous aimons, en nos âmes et en notre propre salut par le retranchement de ses inspirations et la soustraction de ses grâces, elle a opposé ses prières, arrêté la main de son fils et éteint les feux et les foudres de sa redoutable colère? Ce sont à présent des lettres closes pour nous, qui s'ouvriront un jour là haut pour nous donner sujet de l'aimer. Cependant il faut toujours commencer à la reconnaître, car l'unique moyen de demeurer dans les bon-

nes grâces de cette Reine et d'obtenir la continuation de ses bienfaits, est de témoigner que
ceux que nous avons déjà reçus, ont jeté de
profondes racines dans nos cœurs, de produire
des actes de reconnaissance, puisque, comme je
l'ai dit au commencement de ce livre, l'ingratitude est le retranchement des bienfaits et la reconnaissance les mérite. Et parce qu'il faut que
la reconnaissance ait de la proportion avec le
bienfait ; comme les biens que nous recevons ici-
bas de la sainte Vierge sont de trois sortes : ceux
du corps, de l'âme et de la fortune, il faut aussi
que tous ces trois témoignent leur reconnaissance,
et que l'âme, le corps et la fortune lui rendent
hommage de leurs biens. Voici comment.

§ LV.

Il faut premièrement que nos âmes reconnais-
sent cette Reine des cœurs par leurs affections,
leurs respects et leurs services, et c'est en quoi
il ne faut pas user de nouvelles raisons, après
celle de tant de bienfaits. Le printemps n'a pas
autant de fleurs, l'été autant de moissons, l'au-
tomne autant de fruits, l'hiver autant de frimas,
la terre autant de plantes, ni le ciel autant d'é-
toiles, que la divine Marie a d'attraits pour nous
engager et nous obliger à l'aimer. Et si je pouvais
marquer les limites de l'amour qui lui est dû, je

comprendrais toutes ses vertus et tous ses bienfaits, ce qui n'est pas possible aux anges mêmes.
C'est assez de vous dire que son excellence mérite
nos affections, son pouvoir demande nos respects
et son assistance nos services ; si bien que nos propres intérêts nous obligent de l'honorer et de l'aimer, quoique nous ne devions avoir autre objet
que celui de ses mérites. Les chérubins et les
séraphins, qui ne lui ont pas des obligations pareilles aux nôtres, voudraient se consommer à la
servir par la seule considération de l'amour qu'elle
porte aux hommes ; et s'ils étaient capables de
quelque déplaisir dans l'état de leur gloire, il
proviendrait assurément de ne pouvoir atteindre
à tout ce qu'ils auraient le désir de faire pour son
service. Quel ressentiment doivent donc en avoir
les hommes, sur lesquels jour et nuit tombe la
douce pluie de ses cordiales faveurs ; et si, après
cela, il est encore quelque chrétien au monde
qui ne l'aime point ou qui l'aime légèrement,
pour moi je ne fais pas difficulté de le publier
homme sans foi, sans cœur et sans raison. Sans
raison, dis-je, puisqu'il s'en éloigne si visible-
ment, car la raison veut qu'on aime le mérite, et
qu'on paie amour par amour, chérissant et servant
ceux de qui on a été chéri et servi. Je l'appelle
sans cœur, puisque de si puissants attraits ne
l'attirent et ne le percent point ; et de plus sans

foi, car quel moyen de croire que, manquant de respect et d'amour pour la Mère, on puisse avoir foi et affection pour le Fils.

Je soutiens donc et justement, que celui qui n'aime point et ne sert point Marie, mérite d'être frappé de l'anathème, que l'apôtre saint Paul a lancé contre ceux qui ne veulent aimer ni servir Jésus-Christ.

§ LVI.

Voulez-vous être à l'abri de cet anathème? Commandez à vos âmes d'aimer et d'honorer la sainte Vierge, et apprenez à vos cœurs cinq sortes de respect et d'amour que vous lui devez.

La première est de se plaire à la pensée de ses grandeurs, à l'ouïe de ses louanges, à la lecture de ses vertus, et souhaiter que sa gloire reçoive toujours quelque surcroît d'honneur par la multiplication de ses serviteurs. Ce à quoi vous pouvez contribuer vous-même, conseillant son amour et son service à ceux avec qui vous conversez, ou le commandant à ceux que vous gouvernez. C'est là un secret que sainte Brigitte apprit de la sainte Vierge, et dont je vous fais part, afin que vous en fassiez votre profit.

§ LVII.

La deuxième manière d'honorer et d'aimer cette bonne Mère, est d'obéir à son Fils et de ne

se raidir jamais contre l'autorité de ses ordonnan-
ces. Tirez de là, chers enfants de Marie, l'aveuglement insupportable de ceux qui se vantent
d'être serviteurs et amis de cette amoureuse
Mère, sous le prétexte de quelques petites dévotions, prières, abstinences, et d'autres choses
qu'ils font en son honneur ; mais qui, après cela,
foulent aux pieds les commandements de son
Fils, semblent n'avoir appris son nom que pour
le jurer et profanent tous les jours son sang précieux, qui est une partie du sang même de la
Vierge, par la malice de leurs actions et l'impureté de leurs mœurs. Ah ! la sainte Vierge
aimerait bien mieux être méprisée que de voir
mépriser son Fils, et elle estime si fort l'amour
et l'obéissance qu'on a pour son Fils, qu'elle
choisirait plutôt ne point être du tout, que de
voir son Jésus pas aimé. Si vous prétendez que
vos âmes aiment et servent dignement Marie,
faites qu'elles ne s'éloignent jamais de l'obéissance due à son Fils.

§ LVIII.

La troisième manière d'aimer la sainte Vierge
est de lui rendre, soir et matin, après l'adoration
de Jésus, le premier hommage de vos paroles et
de vos pensées, la saluant et l'invoquant avec une
dévotion de vous-même, que je vous donnerai

à la fin de ce discours ; vous étant donné à elle, vous ne vous perdrez jamais, et vous étant souvenu d'elle, soir et matin, vous n'aurez jamais oublié votre salut

§ LIX.

La quatrième sorte de respect et d'amour qu'on doit rendre à la sainte Vierge, est de l'honorer en ses images, qu'on garde dans les églises, sur les places publiques et dans les maisons privées, comme des aides et des asiles à toute rencontre. Que les libertins ne se moquent point de cette innocente coutume de l'église. Qu'ils ne nous appellent point idolâtres quand nous rendons quelque culte extérieur à ces images de toile, de cire, de bois ou de pierre ; car nos intentions et celles de l'église ne s'attachent pas au bois, à la toile, aux couleurs, à la cire ni à la pierre, mais à la Vierge et aux saints qu'elles nous représentent sensiblement pour le soulagement de notre faiblesse, comme on nous représente les proportions et les mouvements du globe des cieux, et les rapports avec celui de la terre par des cercles imaginaires. Il ne faut pas d'autre preuve de cela que l'agrément de la sainte Vierge, qui témoigne par des miracles journaliers qu'elle veut être ainsi révérée en ses images. On en a vu quelques-unes qui ont parlé, témoin celle qui ordonna à

10.

saint Mercure, martyr, de mettre à mort Julien l'apostat; d'autres qui ont agi, témoin celle dont nous parle le dévot prélat Vincent de Beauvais, laquelle pressa la main à un peintre, qui la colorait à la voûte d'une église, et le retint en l'air, tandis que l'échafaudage s'écroulait par la rage forcenée d'un démon animé contre ce peintre, parce qu'ayant peint la Vierge belle à ravir, il dépeignit l'esprit malin sous ses pieds; mais tellement laid, qu'il ne pouvait souffrir de se voir si hideux. D'autres ont sué du sang, témoin celle qui est encore à Mont-Aigu, et qui, au commencement, fit paraître sur son visage des gouttes sanglantes, à la veille de quelques malheurs publics, qui devaient pour lors affliger les peuples, comme le rapporte Juste Lipse. D'autres, enfin, qui ont produit et produisent tous les jours un nombre sans nombre de merveilles, témoin la miraculeuse image que ce livre vous a montrée dans Bargemon, auprès de laquelle toutes les créatures et toutes les maladies souffrent une suspension de leurs vertus ordinaires, pour honorer la foi de ses serviteurs, qui viennent l'honorer en ce lieu et confondre la tyrannie des libertins et des hérétiques, qui persécutent une piété que les choses insensibles révèrent, pour nous enseigner que la sainte Vierge veut que sous cette représentation nous lui rendions le témoignage de nos respects et de notre amour, et qu'à ces fins nous venions en ce lieu de Bargemon, où elle a établi sa demeure.

§ LX.

Je prends de là une nouvelle occasion de vous donner une nouvelle sorte de respect et d'amour pour cette amoureuse Mère; c'est de visiter les lieux où elle se plaît et qu'elle a choisis pour être servie par des raisons impénétrables à nos pensées, si ce n'est qu'elle fit cela pour honorer la mémoire ou reconnaître les services de quelqu'un de ses favoris, qui l'ait honorée et priée en ce lieu; mais il ne nous est pas permis de percer, sans témérité, les secrets du ciel, ni possible, sans présomption, de dévoiler ses mystères. Admirons, adorons, c'est assez, et sans raisonner sur ce choix, disons qu'il est certain qu'en tous les royaumes et en toutes les provinces, il y a des lieux où elle agrée plus particulièrement nos respects et nos services, et où plus promptement elle exauce nos demandes. Il ne faut pas montrer d'autres raisons de cela que ce livre et cette vénérable chapelle de Bargemon, où la Vierge nous somme de venir lui rendre nos hommages, par autant d'inspirations qu'il y a de paroles en ce livre, qui vous a déjà représenté les cinq sortes de respect et d'amour par lesquels l'âme doit reconnaître les bienfaits de la sainte Vierge.

§ **LXI.**

Le corps ne lui est pas moins redevable, puisqu'il n'a pas moins de part à ses faveurs, et que ce sont celles qui paraissent le plus. Il ne suffit pas de lui présenter les biens de nos âmes, qui sont nos respects, nos fidélités et notre amour, il faut encore l'honorer par l'autre moitié de nous-mêmes, qui est le corps, lequel peut et doit servir la sainte Vierge par des pélérinages, mortifications, abstinences et jeûnes. Tel est le conseil que sainte Brigitte reçut du Sauveur même, et telle a été la pratique de ses plus affectionnés serviteurs. Saint Nicolas de Tolentin, religieux de notre ordre, jeûnait à toutes les veilles de la fête de la sainte Vierge ; et tous les samedis de l'année, au pain et à l'eau. Comme il était un jour extrêmement fâché de ce qu'une grave maladie et le commandement de ses supérieurs l'obligeaient à rompre cette abstinence et discontinuer ce jeûne, cette bonne Mère, pour lui témoigner combien sa dévotion lui était agréable, permit qu'au commencement du premier repas sa bénédiction fit revivre et envoler deux perdrix, qui étaient devant lui toutes rôties et prêtes à être mangées, et le soir suivant elle lui présenta du pain trempé dans un verre d'eau, ce qui fut le remède par lequel elle le guérit d'une fièvre maligne, qui semblait se moquer des médecins. Cette même Vierge lui promit, en même temps, que ce même remède servirait, après sa mort, à tous ceux qui s'en serviraient en l'invoquant. De là vient le miraculeux petit pain de saint Nicolas, qu'on bénit toutes les années dans les couvents de saint Augustin, et qui opère tous les jours tant de merveilles, guérissant les fièvres, quand il est mangé ; calmant les tempêtes et éteignant les feux, quand il y est jeté. Concluons, par la raison de ce miracle et l'exemple de ce jeûne, que la sainte Vierge agrée et veut une reconnaissance des biens de nos corps comme de ceux de nos cœurs.

§ LXII.

Il faut encore reconnaître ses bontés par vos biens de fortune, dont elle n'est pas moins soigneuse que des autres, quand votre salut ne s'y oppose point. Or, vous pouvez l'honorer par vos biens de fortune, premièrement en contribuant aux bâtiments, fondations et ornements des autels dédiés à son nom, et ne souffrant pas que vos corps soient plus richement parés, ni vos maisons mieux ornées que les temples de cette Reine. Elle a souvent témoigné combien elle agréait ces contributions, mais surtout d'une manière particulière, quand elle inspira à ce gentilhomme romain, qui voulait la faire héritière de ses biens, de lui bâtir une église dans Rome au lieu où la neige paraîtrait au cinquième jour du mois d'août, qui est maintenant l'église qu'on appelle Notre-Dame-la-Majeure.

Secondement vous l'honorerez par vos biens de fortune, si vous êtes libéral et débonnaire aux pauvres, d'autant que comme elle est Mère de Miséricorde et qu'elle aime ses enfants avec des douceurs et des tendresses, qui ne se peuvent exprimer que par le cœur même qui les ressent, elle n'a point de plus agréable contentement au monde que de voir pour elle exercer la miséricorde et soulager la nécessité des misérables. Ce fut par ce moyen que saint Gérard, le premier évêque et martyr de la Hongrie, se rendit si puissant auprès de la sainte Vierge, vu qu'il avait promis de ne jamais rien refuser de ce qui lui serait demandé en son nom, ce qui étant venu à la connaissance des prisonniers et des pauvres, sa bourse fut bientôt épuisée, et les prisons ne tardèrent pas à être vides de tous ceux que sa conscience lui permettait d'élargir. D'autres faisaient des largesses aux pauvres à toutes les fêtes de la sainte Vierge; d'autres, tous les samedis. Si vous prétendez comme eux à cette glorieuse qualité d'enfants de Marie, imitez-les à proportion de votre condition et de vos moyens. Vous employez quelquefois les écus et les pistoles à de beaux et riches rosaires pour la prier, vous lui seriez bien plus agréable de la prier avec un chapelet de cinq sous et de donner le reste aux pauvres.

En troisième lieu, vous pouvez honorer cette Vierge de vos biens, faisant célébrer des messes à son honneur, et c'est ici l'hommage le plus agréable, le plus glorieux et le plus utile que vous puissiez rendre à cette adorable Princesse, qui étant invoquée dans ces messes et priée d'intercéder auprès de son Fils crucifié qu'on sacrifie, et auprès du Père éternel à qui on l'offre, obtient infailliblement l'effet de nos demandes, si elle prévoit que cela nous doit être utile.

§ LXIII.

Après avoir appris à reconnaître les faveurs que vous avez reçues, apprenez à demander celles que vous désirez, et qu'assurément vous obtiendrez, si vous y apportez les quatre conditions que je vous prépare.

La première est que vous soyez en état de grâce, et qu'avant vos demandes vous ayez effacé, par la contrition, tout ce qui peut déplaire à cette divine Reine, de peur de profaner un autel si sacré par l'impureté de vos offrandes; que si avec cette condition vos requêtes ne sont pas intérinées, Dieu les jugeant nuisibles à votre salut, au moins êtes-vous assurés d'obtenir par elle un accroissement de mérite et une abolition de peine, et ainsi ne demandant que des faveurs pour la terre, vous en obtiendrez pour le ciel! Mai pour donner plus de jour à cette vérité, représentez-vous que les vœux, les pélérinages et les prières que nous faisons à la sainte Vierge, comme ceux que nous faisons à son Fils, peuvent posséder trois qualités, et être méritoires, satisfactoires ou impétratoires. Ils sont méritoires en tant que bonnes œuvres faites en la grâce de Dieu, qui seule peut donner le mérite et le prix à nos actions. Ils sont satisfactoires, en tant que pénibles, et comme tels ils satisfont à quelques peines temporelles que nous mériterions en ce monde ou dans le purgatoire. Enfin ils sont impétratoires en tant que Dieu, jugeant par sa prudence de la nécessité de la chose demandée, l'accorde par sa bonté. Et cela supposé, je dis que faisant vos voyages et vos prières à la très-sainte Vierge en état de grâce et d'innocence, suivie des conditions suivantes, rarement arrivera-t-il qu'elles ne soient impétratoires. Quand cela ne serait point, et que Dieu, pour des raisons qu'il faut adorer, ne pouvant les comprendre, vous éconduirait de vos demandes, et que vos prières ne seraient pas impétratoires, toujours gagnerez-vous plus que vous ne pensez, puisqu'elles seront méritoires et satisfactoires, et que vous gagnerez accroissement de mérite et diminution de peine à raison de la grâce, sans laquelle une prière est de peu de valeur? Car une demande faite à la sainte Vierge en état de péché mortel est un encens sans fumée et sans feu ; elle ne saurait être ni méritoire ni satisfactoire, et à peine sera-t-elle impétratoire. D'autant que quoiqu'il ne soit pas impossible que cette divine Mère, pressée des sentiments ordinaires de l'amour qui la possède et qui la brûle pour notre salut, exauce un criminel pour lui gagner le cœur et le rendre innocent, néanmoins quelle apparence de l'aborder avec les mains encore sanglantes des crimes commis contre son Fils! Les meilleurs apprêts, pour une bonne demande, sont une bonne confession et un sincère repentir de la vie passée pour être remis en grâce, ce qui est la première et la plus nécessaire disposition d'une utile prière.

§ LXIV.

La deuxième est de ne faire jamais à la sainte Vierge demande absolue, mais seulement avec condition, si c'est que pour la gloire de son Fils et le salut de nos âmes, offrant de ne vouloir, après toutes nos demandes, que ce qu'elle voudra, au temps et à la façon même qu'elle le voudra; soumettant volontairement tous les sentiments et les interêts de notre nature à la disposition de ses volontés, nous contentant de lui représenter nos maux, comme à un médecin, sans lui en déterminer les remèdes, à l'exemple de Marthe et de Marie. Celles-ci ne pressent point Jésus-Christ de guérir Lazare leur frère, elles se contentent de lui déclarer son mal, *ecce quem amas infirmatur*, elles savent très-bien qu'après avoir dit : celui que vous aimez, est malade, c'est tout dire, s'adressant au cœur amoureux de Jésus ou de sa Mère, à qui après cela il s'en faut remettre. Au reste, comme nous ne voyons les choses que de la couleur de nos passions, l'amour-propre nous fait souvent tromper sur le choix des choses qui nous sont bonnes, et nous échauffe en la poursuite de ce que la sainte Vierge prévoit devoir être la ruine de nos âmes. Ainsi, quand vous demandez des richesses, dont l'usage est si dangereux, et qui sont comme des couteaux entre les mains des petits enfants, il est bien difficile qu'on ne se blesse, puisque dans l'aveuglement où nos passions nous ont réduits, nous revenons dans l'enfance. Si la sainte Vierge prévoit que cela ne doive vous servir, comme au mauvais riche, que pour acheter l'enfer, elle vous aime trop pour vous les donner , et je suis certain aussi qu'à ce prix vous ne les prendriez pas ; si, au contraire, elles doivent contribuer à votre salut et vous servir à l'acquisition du trésor éternel , elle a trop de bonté pour vous les refuser.

J'en dis de même si vous lui demandez des honneurs et des charges , ce qui est à vrai dire une demande bien chatouilleuse ; vu que la vertu dans les grandeurs a le pas si glissant, qu'il est bien difficile d'éviter la chute , et il faut avoir les yeux bien forts pour n'être point ébloui par leur éclat. Cependant elle a souvent élevé de ses serviteurs et les a rendus les seigneurs et les maîtres des peuples ; témoin l'empereur Léon qui, comme le rapporte Nicéphore Caliste , fut élevé du plus bas degré d'une condition servile au trône de l'empire romain , par la faveur et promesse de la Mère de Dieu , qui voulut reconnaître ses services; témoin encore tant de rois, de princes et de prélats , à qui elle-même a mis la mitre ou la couronne en tête et le sceptre en main.

Ayez le même sentiment de la santé que vous souhaitez, et après demandez hardiment tout ce que vous voudrez, puisque cette trésorière du ciel a la clef des trésors de son Fils. Si votre salut ne s'y oppose point , vous l'obtiendrez ; mais en le demandant, concluez toujours, avec une soumission filiale, que sa volonté soit faite ; assujettissant l'ordonnance irrégulière de vos désirs aux ordres réglés de la providence, qui, voyant clair dans les abîmes de l'avenir, juge quelquefois que les choses que nous demandons comme des biens, nous seront des maux, et qu'il faut que vous ayez des gouttes ou d'autres maladies, comme des menottes aux mains et des chaînes aux pieds pour vous empêcher de jouer, de frapper, de danser et de mal faire, et que vous soyez dans la pauvreté et au bas de la roue pour tempérer l'insolence naturelle de vos courages et vous faire éviter les abîmes éternels, où votre ambition vous aurait précipités.

§ LXV.

Ne faites donc jamais vos demandes sans cette résignation, qui est une des puissantes dispositions que vous sauriez apporter à vos prières pour les rendre impétratoires, pouvu que vous ne vous lassiez point à les continuer et que vous les accompagniez de persévérance, qui est la troisième condition d'une demande utile. Cette Mère d'amour prend souvent plaisir de différer ses faveurs, pour entendre nos prières et éprouver notre constance ; et en ceci l'expérience est plus éloquente que mes paroles, et elle a paru mille et mille fois en cette miraculeuse chapelle de Bargemon, où ce que la première neuvaine ou la première visite n'a pas obtenu la seconde l'a emporté.

Il n'y a pas longtemps une femme, ayant mené dans cette chapelle son fils extravagant et fou depuis longues années, et ayant fait pour lui une neuvaine entière, n'obtint rien. Mais cette bonne Mère, sachant bien qu'avec les armes de la persévérance on triomphe de toutes choses, vivait toujours dans cette espérance, que la sainte Vierge se rendrait à la fin à ses prières et à ses larmes, et s'opiniâtrant saintement, comme la Chananéenne de l'évangile, auprès de Jésus, elle commença une seconde neuvaine, et au huitième jour elle obtint la santé de son fils, qui n'était pas moins possible à la sainte Vierge au premier qu'au huitième, ni plus faisable en la seconde neuvaine qu'à la première ; mais c'est qu'elle agrée nos importunités et nos prières. Si cette mère se fût lassée et retirée après la première neuvaine, son voyage aurait été vain, ses prières inutiles et son fils aurait reporté sa folie.

Il y en a qui, demandant quelque faveur, quittent au premier coup et perdent haleine au milieu de la carrière, comme si la sainte Vierge était obligée de leur donner à l'instant ce qu'ils demandent ; il faut la vaincre par importunité ; il faut rendre nos corps et nos cœurs insépa-

11.

rables de ses pieds, s'attacher fermement à eux et lutter avec elle par nos prières, comme Jacob avec l'ange, et avec des protestations pareilles aux siennes : *non te dimittam nisi benedixeris mihi.*

Ne cessez jamais de prier que vous n'obteniez, enfin vos prières seront impétratoires. Il y a cette différence des prières en tant que méritoires et satisfactoires avec les prières en tant qu'impétratoires, que comme méritoires et satisfactoires elles satisfont et méritent à l'instant même que nous les faisons, d'autant que par la grâce nos satisfactions et nos mérites sont des effets de la justice de Dieu, mais comme impétratoires elles obtiennent en trois jours, en trois semaines, en un mois, en deux, d'autant que ces faveurs ne sont que des effets de la miséricordieuse bonté de cette divine Reine, qui les accorde quand il lui plaît. Mais elle a le cœur si tendre, que si vous continuez les demandes, enfin elle les accordera et se rendra, vu qu'il ne lui est pas possible de connaître nos misères sans les soulager ; et ayant la compassion au cœur et le pouvoir en main, elle ne peut se défendre de nous aider.

§ LXVI.

A tout cela ajoutez une dernière condition, qui

donnera sans doute l'accomplissement à tous vos souhaits. Priez cette divine Mère par les mérites de son Fils, et son Fils par l'amour de sa Mère. Il ne faut que dire au Sauveur : « pour l'amour « de la mère qui vous a élevé et par les ma- « melles qui vous ont allaité ; » et soudain on lui saisit le cœur et toute la colère s'évapore comme la rosée devant le soleil. Il ne faut que dire à la Mère de Dieu : « pour l'amour du Fils, « que vous avez produit et par les plaies de celui « que vous avez vu mourir sur la croix, après « l'avoir vu naître dans une crèche » ; à l'instant son âme se fond et se distille en grâces, qui coulent abondamment sur nous. Il n'est pas possible de n'obtenir tout ce qu'on désire, quand on vient à mêler le sang de Jésus et le lait de Marie, et qu'on attaque la miséricorde de Dieu par les plaies du Fils et par les mamelles de la Mère. Le renvoi n'est jamais à craindre, quand on se sert de ces motifs de clémence et de ces enseignes de piété.

§ LXVII.

Voilà, cher lecteur, les instructions et les moyens que je vous avais promis pour ne jamais prier inutilement cette Reine des grâces, dans les lieux qu'elle a choisis pour être honorée. C'est à vous maintenant d'en venir faire l'expérience auprès de sa sainte image, dans cette miraculeuse chapelle de Bargemon, dont toutes les merveilles sont autant de langues et de voix, qui vous y appellent pour participer à ses bienfaits. Si vous ne pouvez y aller de corps, parceque vous manquez de commodité, de liberté ou de santé, commandez à vos cœurs d'y aller, et envoyez-y vos prières et vos pensées. Là vous découvrirez le *Trésor inconnu*, et y trouverez la fin de tous les maux, et la clef de tous les biens de corps, d'esprit et de fortune.

Venez-y hardiment déployer vos désirs, chers enfants de Marie, vous serez exaucés. Pécheurs, cette mère de grâce vous obtiendra la vôtre. Chrétiens, si la maladie s'empare de vos corps, l'affliction de vos cœurs, la pauvreté de vos maisons ou le vice de vos âmes, vous aurez ici le remède à tous vos maux. Villes, adressez-y vos vœux, les armes de sa protection sont invincibles. Peuples, hommes, femmes, bons, mauvais, sains, malades, riches et pauvres, qui que vous soyez, venez vous jeter aux pieds de ce chêne sacré, puisque cette céleste image est faite du miraculeux chêne dont je vous ai parlé ci-dessus. Chêne heureux, qui a fourni la matière à tant d'images de la sainte Vierge, la plus haute et la plus belle de toutes les créatures! Heureux, dis-je encore une fois, heureux chêne et mille fois plus heureux que je ne saurais ni penser ni dire ; plus heureux même que l'arbre de vie, qui a servi d'occasion à tous nos maux, et celui-ci peut être le motif de tous nos biens !

Accourez à ce chêne, hommes du monde, il enchaînera assurément vos passions et délivrera vos cœurs de toutes les créatures ; ses branches appuieront votre faiblesse et vous défendront de la fureur de vos ennemis ; ses fruits, qui sont les grâces de la très-sainte Vierge, serviront de médecine à vos maux et d'aliment à vos âmes ; son ombre vous mettra à l'abri des feux et des foudres de la colère de Dieu, et sous cette ombre je laisse vos pensées, amateurs du monde. Que si pour y être plus utilement, et en cueillir plus aisément les fruits, il faut y ajouter des paroles et des prières, je veux vous en fournir ; servez-vous des suivantes, dont la première servira d'épilogue à tout ce discours, et sera particulière pour cette vénérable chapelle ou autres semblables que la sainte Vierge a choisies pour sa demeure. Les autres seront utiles ici et partout, fondées sur la pratique des saints et mêlées de mille amoureux élans de ses plus fidèles serviteurs, dont j'aurai peut-être changé le langage, mais non pas la pensée.

PRIÈRE GÉNÉRALE

Pour obtenir de la très-sainte Vierge la santé de l'âme et le pardon des péchés en cette vénérable Chapelle au autres dédiées à son nom.

———⁂———

Patronne adorable de ce lieu, digne Princesse du ciel et de la terre, qui étant Mère de Jésus-Christ par nature et par grâce, n'avez pas dédaigné d'être encore la nôtre par compassion et par amour, et qui sans cesse opérez tant de merveilles sur les corps, je vous demande cette grâce, comme à la mère de toutes, qu'il vous plaise produire en mon âme les mêmes effets.

Vous avez découvert la lumière aux aveugles; éclairez, s'il vous plaît, mon âme de la lumière de vos grâces, et déchirez le bandeau des passions qui m'aveuglent et m'empêchent de voir les précipices éternels qui m'environnent et m'attendent. Vous avez fait parler les muets; dénouez ma langue, afin qu'elle apprenne à louer vos grandeurs et implorer les bontés de votre cher Fils, oubliant le langage des injures, des mensonges, des blasphèmes et des médisances. Vous avez fait marcher droit les boîteux ; faites que mon âme ne cloche plus entre le ciel et la terre ; retirez-la de la voie des vanités et des vices, et ne souffrez plus qu'elle s'égare du chemin du salut, dont votre Fils nous a marqué les traces avec le sang de ses veines, afin que nous ne puissions jamais nous en égarer que par malice. Vous redonnez l'ouïe aux sourds, hélas ! il y a longtemps que mon âme est sourde à la voix de Dieu et aux secrètes inspirations qu'elle me fait ouïr à tous moments. Vous donnez la santé aux malades, et mon âme, quoique immortelle, est malade à la mort et atteinte d'autant de plaies mortelles, qu'elle a donné de consentements au péché mortel. Procurez-m'en la guérison par votre bonté et m'obtenez le pardon de mes crimes. Vous délivrez de la main des infidèles et de la fureur de leurs ennemis les esclaves qui recourent à vous, ayant souvent rompu leurs fers et brisé leurs chaînes ; délivrez-moi de l'esclavage des démons et des vices qui détiennent mon âme. Vous protégez ceux qui vous invoquent et sur terre et sur mer, et les garantissez de la rage des tempêtes et de celle des hommes, faites la même chose à mon âme qui flotte avec tant de danger sur la mer orageuse de ce monde, et retirez-moi du pouvoir des malins esprits résolus à ma ruine. Vous ressuscitez les morts,

ayez pitié de mon âme ensevelie dans la terre
et morte à la grâce. Enfin vous faites ici largesse
de tous biens, d'esprit, de corps et de fortune
à ceux qui, prosternés aux pieds de votre sainte
image, vous les demandent avec les respects
que vous demandez, me voici en cette posture
prosterné de cœur et de corps, ne me refusez pas
le bien de votre amour et remettez-moi en la
grâce de votre Fils; obtenez-moi le pardon de
mes fautes et la guérison de mon âme qui dé-
sormais, après votre Fils, n'aimera que vous.

Ne m'abandonnez donc pas, s'il vous plaît, Mère
d'amour, et ne me refusez pas l'aide de vos
intercessions et de vos faveurs. Je sais bien que
mes fautes sont grandes, mais je sais bien aussi
que la miséricorde de votre Fils est infinie;
qu'il vous souvienne que notre juge est votre
Fils et que notre perte sera celle de son sang, qui
n'a été répandu que pour notre salut; et pour
cela, je vous conjure, par tout autant de prières
qu'il a de plaies en son corps et en son cœur, d'obtenir mes grâces et de me retirer des habitudes
criminelles où ma faiblesse m'a fait tomber. J'y
renonce, mais je ne puis rien sans votre secours;
c'est pourquoi, ô source de vie et de grâce, refuge des pécheurs, j'ai recours à vous pour être
délivré du péché et garanti de la mort éternelle.
Toute puissante, secourez-moi donc. Toute com-

patissante, ayez pitié de moi, afin que, comme tant d'autres, je puisse rendre mes remercîments et mes vœux en cette vénérable chapelle, et qu'après vous y avoir honorée dans le temps, je puisse vous servir et vous voir dans l'eternité.

Ainsi soit-il.

PRIÈRE A LA MÈRE DE DIEU

Pour toutes les nécessités de corps, d'esprit ou de fortune.

Sainte Mère de Dieu, dont la bonté convie les hommes et les anges à rechercher sans cesse l'aide de vos faveurs, me voici prosterné à vos pieds de corps et de cœur, pour vous représenter l'état déplorable de mes affaires, la violence de mes douleurs, la grandeur de mes déplaisirs et l'excès de mes peines; regardez-moi, s'il vous plaît, comme chose votre, et traitez-moi comme le sujet de votre puissance et comme l'objet de vos miséricordes; je mets en vous toute mon espérance. Toute puissante, ayez pitié de moi et par votre bonté soulagez mes misères. Si vous le voulez, vous le pouvez, car cette qualité de Mère de Dieu vous donne non-seulement une

12

éminence, mais aussi une puissance et domination sur toutes les créatures, comme étant la Mère du créateur. Appuyez donc, Vierge débonnaire, appuyez ma demande; finissez mes maux ou augmentez mes forces, si vous jugez que la continuation de mes maux soit nécessaire à mon bien et à mon salut. Je vous promets néammoins qu'avec l'aide de votre grâce, je ne me servirai plus des biens que vous m'aurez donnés, que pour aimer votre divin Fils et reconnaître votre protection dans le temps et dans l'éternité.

Ainsi soit-il.

ORAISON

Pour dire à la sainte Vierge tous les matins.

———

Reine des cœurs, Mère des âmes, espoir unique des pécheurs, je vous rends grâces de tous les bienfaits généraux et particuliers dont vous m'avez obligé jusqu'à ce jour. En reconnaissance, je vous offre tous les jours et toutes les actions de ma vie; mais je vous offre spécialement cette journée, mes desseins et mes œuvres, et ne veux avoir en tout ce que je ferai, penserai et dirai, autre conduite, mouvement et sentiment que le vôtre. Je prétends de plus, qu'en vertu de cette pensée et intention présente, chacune de mes actions, paroles ou pensées vous appartienne, comme si je vous les offrais toutes en particulier. Je vous supplie, Mère de miséricorde, de donner votre bénédiction aujourd'hui à toutes mes entreprises, et de me recevoir sous votre tutelle spéciale, afin que tout réussisse à la gloire de votre cher Fils et au salut de mon âme, qu'il a rachetée par son sang, et que vous sauverez par vos grâces, à l'aide desquelles j'espère de posséder enfin le jour éternel.

Ainsi soit-il.

LE MEMORARE

OU PRIÈRE DE SAINT BERNARD.

Souvenez-vous, ô très pieuse Vierge Marie, qu'on n'a jamais entendu dire qu'aucun de ceux qui ont eu recours à votre protection, imploré votre secours et demandé vos suffrages, ait été abandonné. Animé de cette confiance, ô Vierge, Reine des Vierges, ô ma tendre Mère, je cours et viens à vous, et gémissant sous le poids de mes péchés, je me prosterne à vos pieds. O

Mère du Verbe, ne méprisez pas mes prières, mais écoutez-les favorablement et daignez les exaucer. Ainsi soit-il.

CONSÉCRATION

A LA TRÈS-SAINTE VIERGE.

Très-sainte Marie, ma Reine et mon auguste Souveraine, je m'abandonne à votre bienheureuse fidélité et à votre garde particulière ; je me jette avec un entier abandon dans le sein de votre miséricorde, et vous recommande pour ce jour, pour tous les instants de ma vie, et surtout pour l'heure de ma mort, mon corps, mon âme, tout ce que je suis et tout ce qui m'appartient. Je vous recommande encore et vous confie toutes mes espérances et toutes mes consolations, toutes mes anxiétés et toutes mes misères, ma vie et le moment de ma mort, afin que, par votre puissante intercession et par vos mérites, je n'aie, dans toutes mes actions, pour seul et unique but, que votre bon plaisir et la très-sainte volonté de votre Fils. Ainsi soit-il.

TABLE

DES VÉRITÉS PROUVÉES EN CE DISCOURS

PAR RAISONNEMENTS ET PAR MIRACLES.

Approbation de Monseigneur Jordany, évêque de Fréjus et Toulon..................*page*   3

Notice sur Notre-Dame de Montaigu............   5

A la Mère de Dieu........................   21

Attestation et permission de Monseigneur Pierrre de Camelin, évêque de Fréjus................   23

Permission du très-révérend Père Vicaire-Général   24

Approbation des Théologiens.................   24

Au Lecteur...........................   25

Épitre dédicatoire au Prince Louis de Valois, gouverneur de Provence.................   27

§ Ier — Que comme l'amour ne peut être sans libéralité, aussi la libéralité ne doit jamais être sans reconnaissance....................   33

§ II. — Que ne pouvant rendre à la sainte Vierge à l'égal des bienfaits reçus, il faut les reconnaître en les publiant....................   34

§ III. — La puissance de la sainte Vierge auprès de Dieu est de deux sortes, l'une auprès de Dieu en qualité de Dieu, l'autre auprès de Dieu en qualité de Fils....................   37

§ IV. — La différence du pouvoir de la sainte Vierge et de celui des saints....................   38

12.

§ V. — La sainte Vierge a eu de tout temps des lieux et des temples d'élite, où elle semble recevoir et donner de meilleur cœur qu'ailleurs.   40

§ VI. — La sainte Vierge a choisi pour son service ce lieu et cette chapelle de Bargemon.......   41

§ VII. — D'où, quand et comment est venue l'image qui a donné naissance à la dévotion et aux miracles en cette chapelle de Bargemon........   42

§ VIII. — La sainte Vierge semble avoir réuni toute son autorité et ramassé tous les miracles des autres chapelles dans celle-ci..............   47

§ IX. — En cette chapelle de la sainte Vierge, on reçoit et on montre comme au buisson ardent, toute sorte de biens...................   48

§ X. — Explication des biens de nature, de grâce et de gloire que la sainte Vierge possède en soi.   49

§ XI. Dans l'ordre de la nature, la sainte Vierge excède en beauté et en bonté toutes les pures créatures   49

§ XII. — Elle a eu plus de biens que tout autre dans l'ordre de la grâce.................   51

§ XIII. — Elle est la plus avantagée dans l'ordre de la gloire....................   52

§ XIV. — Explication des biens que la sainte Vierge communique, qui sont de trois sortes, de corps, d'esprit et de fortune, et qui paraissent aux pieds de cette sainte image..............   52

§ XV. — Il est prouvé qu'en cette chapelle sont reçus et montrés tous les biens du corps (sous lesquels on comprend la santé, la liberté, les enfants et la vie,) dont toutes les maladies rendent à leur tour l'hommage qu'elles doivent à cette sainte Vierge.....................   54

§ XVI. — Vision admirable de la sainte Vierge à une Dame à qui elle demanda une châsse pour cette image au jour de son arrivée, et lui promit et donna en même temps la guérison d'une maladie incurable et mortelle, dont elle était atteinte depuis deux ans................... 54

§ XVII. — Le mal caduc est ici guéri, et rend hommage à la sainte Vierge dans cette chapelle de Bargemon......................... 58

§ XVIII. — Guérison merveilleuse d'une apoplexie, et des tumeurs et bosses du gosier, qui en avaient bouché le passage................ 59

§ XIX. — Des écrouelles invétérées ont été publiquement guéries, et les cicatrices entièrement effacées pendant qu'on disait à cette intention la messe dans cette chapelle.............. 60

§ XX. — Guérison d'une paralysie et d'une surdité, qui cessa dans cette chapelle aux pieds du confesseur............................ 61

§ XXI. — Guérison d'une fille estropiée et muette, et qui avait un continuel mouvement de tête.. 62

§ XXII. — Une femme de 64 ans, hydropique et prête à mourir, déjà quasi sans sentiment et sans parole, est entièrement guérie dans une nuit à la première invocation de Notre-Dame-de-Bargemon........................... 63

§ XXIII. — Une sciatique enracinée guérie dans cette chapelle........................ 64

§ XXIV. — Guérison miraculeuse de la petite vérole 64

§ XXV. — Un homme sexagénaire atteint de la goutte depuis vingt ans, et alité depuis sept, ayant été porté avec ses douleurs dans cette chapelle sur les bras de deux hommes, en est sorti sans mal et sans aide, après y avoir ouï la messe............................ 65

§ XXVI. —. Autre guérison des fièvres et de la goutte tout ensemble.................... 67

§ XXVII. — Trois muets de naissance ont en un instant recouvré la parole par des vœux ou des voyages faits à Notre-Dame-de-Bargemon.. 67

§ XXVIII. -- Raisons contre les libertins, qui voudraient dérober les miracles à la grâce pour les donner à la nature................. 69

§. XXIX. -- Une femme estropiée d'un bras, en baisant cette sainte image et offrant une main de cire, sentit comme l'effort violent d'une main invisible, qui tirant son bras avec une grande douleur, lui donna publiquement sa première santé........................ 71

§ XXX. -- Guérison de plusieurs autres estropiés 72

§ XXXI. -- Divers aveugles ont ici recouvré la vue. 74

§ XXXII. -- Une fille morte et prête à être portée au tombeau est ressuscitée à la suite des vœux adressés à Notre-Dame-de-Bargemon....... 77

§ XXXIII. -- Un garçon de trois ans s'étant noyé, et son corps enfin trouvé et retiré de l'eau, est revenu à la vie par les vœux dressés vers cette chapelle de Bargemon............. 79

§ XXXIV. -- Des enfants nés morts ont recouvré la vie et ont été baptisés après l'invocation de Notre-Dame-de-Bargemon 80

§ XXXV. -- Une femme morte pendant douze heures, et un jeune garçon pendant une heure et demie, reçoivent la vie de cette sainte Vierge 82

§ XXXVI. — Après la mort, les mers et les vents font hommage à leur tour à cette sainte image, et on voit ici le naufrage évité et la mer calmée en suite des vœux dressés vers cette Mère d'amour 83

§ XXXVII. — Au sanglant combat des galères de France contre celles d'Espagne fait auprès de Gênes, les balles de mousquet et des grenades s'arrêtèrent sur le manteau d'un soldat sans pouvoir le blesser, après un vœu fait à cette sainte Dame de Bargemon................ 85

§ XXXVIII. — Guérison d'un empoisonné....... 86

§ XXXIX. — L'esclavage évité............... 87

§ XL. — Quelques femmes ne pouvant enfanter, et d'autres ayant perdu leur lait, et leurs enfants ne pouvant têter, ont trouvé leurs remèdes dans les vœux faits à Notre-Dame-de-Bargemon 88

§ XLI. — Effets miraculeux de l'huile de six lampes toujours allumées dans cette chapelle, et de l'eau touchée par cette sainte image........ 88

§ XLII. — Les biens de l'âme sont encore communiqués dans cette chapelle................ 90

§ XLIII. — Les fous y ont recouvré le jugement.. 91

§ XLIV. — Les affligés y ont trouvé la fin de leurs maux 92

§ XLV — Les vertus et les grâces y sont accordées 93

§ XLVI. — Les pécheurs y sont convertis....... 94

§ XLVII. — Miracle remarquable en faveur d'un excommunié 95

§ XLVIII. — Quelques hérétiques ont été ici éclairés de la lumière de la foi et faits catholiques. 96

§ XLIX. — Pourquoi la sainte Vierge a réveillé sa

dévotion depuis quelques années en diverses chapelles avec des miracles plus fréquents.... 97

§ L. — Les biens de fortune conservés et les procès terminés par des vœux faits à Notre-Dame-de-Bargemon........................ 100

§ LI. — Digne sujet d'admiration et de louange pour la sainte Vierge en ce que, dans cette chapelle, elle produit tous les effets, et peut posséder tous les titres du reste de ses chapelles...... 101

§ LII. — L'intercession des saints est limitée à certaine nature d'affaires, des temps, des lieux et des personnes; mais non pas celle de la sainte Vierge 105

§ LIII. — Le profit de ce discours est d'apprendre à reconnaître les bienfaits qu'on a reçus de la Mère de Dieu, et à bien demander ceux qu'on prétend 107

§ LIV. — Il faut reconnaître ses bienfaits par nos biens de corps, d'esprit et de fortune....... 108

§ LV. — La reconnaissance de l'âme se fait par respect et par amour........................ 109

§ LVI. — Cinq sortes d'amour et de respect qu'on doit à la sainte Vierge, dont la première est de se plaire à la pensée et à l'ouïe de ses grandeurs 111

§ LVII. — La deuxième est d'obéir à son Fils.... 111

§ LVIII. — La troisième de lui rendre hommage soir et matin........................ 112

§ LIX. — La quatrième d'honorer ses images, avec raisons et exemples contre les libertins et hérétiques, qui nous accusent d'idolâtrie...... 113

§ LX. — La cinquième de visiter les lieux où elle témoigne de se plaire........................ 115

§ LXI. — Il faut encore reconnaître ses bienfaits par les biens du corps, jeûnes, abstinences et autres.................................. 116

§ LXII. — Il faut aussi le reconnaître par les biens de fortune, ornant ou fondant des temples et donnant l'aumône pour elle............... 117

§ LXIII. — Quatre moyens autorisés par raisons et par exemples pour ne demander jamais inutilement des faveurs à la sainte Vierge, dont le premier est d'être en état de grâce : et ici est expliquée la différence des prières satisfactoires, méritoires et impétratoires............ 119

§ LXIV. — Le deuxième de ne lui rien demander qu'avec soumission et résignation à sa volonté 121

§ LXV. — Le troisième de ne pas se lasser en priant ; et là est expliquée une nouvelle différence des prières satisfactoires, méritoires et impétratoires 124

§ LXVI. — Le quatrième de la prier par les plaies et les mérites de son Fils................. 126

§ LXVII. — Conclusion du discours........... 127

Prière générale pour obtenir de la sainte Vierge la santé de l'âme et le pardon des péchés...... 130

Prière générale à la sainte Vierge pour toute sorte de nécessités de corps, d'esprit et de fortune. 133

Recommandation à la sainte Vierge pour tous les matins 134

Prière de saint Bernard, ou le souvenez-vous, etc. 135

Consécration à la très-sainte Vierge............ 136

FIN DE LA TABLE.

www.ingramcontent.com/pod-product-compliance
Lightning Source LLC
Chambersburg PA
CBHW072111090426
42739CB00012B/2926